Erich Kuttner
Otto Braun

Severu**S**

Kuttner, Erich: Otto Braun
Hamburg, SEVERUS Verlag 2013
Nachdruck der Originalausgabe von 1932

ISBN: 978-3-86347-648-9
Druck: SEVERUS Verlag, Hamburg, 2013
Covermotiv: Bundesarchiv, Bild 102-10131/CC-BY-SA
[CC-BY-SA-3.0-de
(http://creativecommons.org/licenses/by-sa/3.0/de/deed.en)], via Wikimedia Commons

Der SEVERUS Verlag ist ein Imprint der Diplomica Verlag GmbH.

Bibliografische Information der Deutschen Nationalbibliothek:
Die Deutsche Nationalbibliothek verzeichnet diese Publikation in der Deutschen Nationalbibliografie; detaillierte bibliografische Daten sind im Internet über http://dnb.d-nb.de abrufbar.

© **SEVERUS Verlag**
http://www.severus-verlag.de, Hamburg 2013
Printed in Germany
Alle Rechte vorbehalten.

Der SEVERUS Verlag übernimmt keine juristische Verantwortung oder irgendeine Haftung für evtl. fehlerhafte Angaben und deren Folgen.

ERICH KUTTNER

OTTO BRAUN

Mit 15 Abbildungen

Inhalt:

Vorwort	5
Der Proletarier	7
Der Sozialdemokrat	15
Der Königsberger Hochverratsprozeß	23
Die Landarbeiterschaft	29
Der Parlamentarier	35
Im Weltkrieg	45
Landwirtschaftsminister	59
Ministerpräsident und Interregnum	68
Keine Dekoration!	73
Kampf um die Demokratie	80
Der Staatsmann	88
Schluß	94

Vorwort

Der Kampf um Preußen, ein Entscheidungskampf zwischen den Anhängern der Republik und ihren Gegnern, findet seine Zuspitzung im Kampf um den preußischen Ministerpräsidenten Otto Braun. Er, der seit mehr als zehn Jahren an der Spitze des preußischen Staatsgebildes steht, gilt gleichermaßen bei Freund und Feind, mag sonst das Urteil über ihn noch so verschieden ausfallen, als der markanteste Vertreter des republikanischen Staatssystems. Darüber hinaus bedeutet der Name Otto Braun schon jetzt ein Stück preußische Geschichte. Es ist überraschend, wieviel im besten Sinne Preußisches gerade der Mann an sich hat, der von seinen Gegnern im Namen des echten und alten Preußentums auf das heftigste angegriffen wird. Versteht man unter Preußentum nüchterne Resolutheit, unbestechliche Sachlichkeit und herbe Energie, — dann hat von solchem Preußentum der hochgewachsene und breitschultrige Ostpreuße Otto Braun mehr in und an sich als die meisten seiner Gegner. Vielleicht ist dies das Geheimnis, warum er sich in einer so rasch veränderlichen und wechselvollen Zeit, die in einem Dezennium 18 verschiedene Reichsregierungen beschert hat, so lange an der Spitze des größten und historisch entscheidenden deutschen Landes hat halten können. Otto Braun besitzt — trotz seiner proletarischen Herkunft, trotz seiner nie verleugneten sozialdemokratischen Gesinnung — für die Wesenheit des preußischen Staatsgebildes jenen untrüglichen politischen Instinkt, der ihn nicht nur auf diesem Gebiet aus der Reihe der Politiker als Staatsmann heraushebt. Wenn man von dem „Preußen" Otto Braun redet, so sagt man damit nichts Äußerliches, sondern gibt einen charakteristischen Wesenszug des Mannes kund. Einen Widerspruch zwischen Otto Brauns Preußentum und seinem sozialistischen Proletariertum wird nur konstruieren, wer mit den Worten „national" und „international" als begrifflichen Ausschließlichkeiten jongliert. Der Sozialdemokrat weiß, daß starkes Heimatgefühl und internationale Verbundenheit mit der arbeitenden Menschheit einander nicht ausschließen, sondern — richtig verstanden — als konzentrische Ringe einander einschließen.

Wie der Ostpreuße kein Widerspruch ist zum Preußen, der Preuße kein Widerspruch zum Deutschen, sobald man sich von einem engstirnigen Provinzial- oder Regionalpatriotismus freimacht, so wenig ist der Preuße Otto Braun ein Widerspruch zu dem Sozialdemokraten Braun. Aber der Preuße Otto Braun beweist noch eins: er beweist, daß Preußentum, soweit es ein historisch erkennbarer Begriff ist, keineswegs gebunden ist an irgendwelche monarchischen, absolutistischen oder feudalistischen Traditionen. Was bleibend und wertvoll an dem Begriff Preußentum ist, das vermag sich auch unter republikanischen und demokratischen Formen zu entwickeln. Nicht sogar besser zu entwickeln? Es wird erzählt, daß ein konservativer Landrat alten Schlages, aus der Besprechung einer Angelegenheit mit dem preußischen Ministerpräsidenten kommend, zu dem Sachbearbeiter in folgende Worte ausbrach: „Ihr Ministerpräsident hat nur **einen** Fehler: er müßte deutschnational sein!"

Ob aber jener alte Ostelbier und viele andere seiner Gesinnung sich einmal die Frage vorgelegt haben, was aus diesem auch von seinen grimmigsten Gegnern respektierten Staatsmann, was aus dem **Proletariersohn** und **Buchdrucker** Otto Braun im hochgelobten alten Preußen, im Feudalstaat des Junkertums wohl hätte werden können?!

Es hat erst einer Umwälzung vom 9. November 1918 und einer Republik bedurft, um auch **dieses** Preußentum für die Gesamtheit nutzbar zu machen.

Der Proletarier

Nicht allein das Wahre, auch das Unwahre, das von einem Menschen erzählt wird, gibt Auskunft über sein Wesen. Sind doch die meisten anekdotischen Aussprüche historischer Persönlichkeiten nachträglich erfunden. Dennoch bleiben sie uns zur Veranschaulichung ihrer Persönlichkeit unentbehrlich, weil sie in einem höheren Sinne mehr Wahrheit enthalten als die geschichtlich beglaubigten Tatsachen. Dabei ist die boshafte Persiflage der Gegner oft aufschlußreicher als die liebende Verklärung der Freunde.

Die Persönlichkeit Otto Brauns läßt sich sogar aus der Art erkennen, in der sich die Verleumdung — in unseren Tagen mehr denn je ein politisches Kampfmittel — an ihn herangemacht hat. Anderen aus der Tiefe aufgestiegenen Männern hat man höhnend ihre proletarische Abkunft angehängt. Von Otto Braun aber behaupten seine Gegner, wenn sie ihn verächtlich machen wollen, daß sich eine Ahnfrau von ihm mit einem preußischen Junker eingelassen habe, daß Braun also ein — wenn auch illegitimer — Sproß des ostelbischen Adels sei. Sieht man von der Ehrenkränkung einer Verstorbenen ab, so ist diese Verleumdung eigentlich ein ungewolltes Kompliment. Ihre Urheber fühlen anscheinend das Bedürfnis, vor sich selber irgendwie zu begründen, warum dieser Proletariersohn überall, wo er auftritt, und heimlich sogar bei ihnen selber so starken Respekt erweckt. Wir müssen den Anhängern einer überlebten Weltanschauung den Trost nehmen, in Otto Braun ein leibliches Erzeugnis der alten Herrenschicht Preußens zu sehen. Vielleicht entschädigt sie zu einem kleinen Grad die Mitteilung, daß Otto Brauns Herkunft, soweit sie sich verfolgen läßt, auf eine **preußische Kaserne** verweist, nämlich auf die Königsberger Kaserne am Hinteren Roßgarten. In ihr wirkte der Großvater des heutigen Ministerpräsidenten, zwar nicht als adliger Offizier, aber immerhin als Militärbeamter. Brauns Vater hat noch in der Kaserne das Licht der Welt erblickt. Aber ein Zufall ließ ihn die Militärlaufbahn nicht einschlagen. Als der Großvater starb und die jüngeren Geschwister im Militärwaisenhaus untergebracht wurden, war der Älteste schon um ein Jahr für dieses zu alt. Er erlernte das Schusterhandwerk, und deshalb ist sein Sohn Otto Braun nicht wie August Bebel in einer Kaserne zur Welt gekommen, sondern in einer kleinen Straße der Königsberger Altstadt.

Bei Otto Brauns Geburt im Januar 1872 hatten sich die Umstände seines Vaters bereits stark verändert. Dieser hatte es zunächst dank seiner guten militärischen Beziehungen zum Regimentsschuster gebracht, sich bald darauf als selbständiger Schuhmachermeister niedergelassen. Aber der Krieg von 1870/71 zerstörte diese kleinbürgerliche Existenz, ein Beweis, daß selbst siegreiche Kriege für den einzelnen Volksangehörigen keineswegs immer zum Vorteil ausschlagen. Durch die lange Abwesenheit der Dienstpflichtigen war das Geschäft vollständig heruntergekommen. Der bisherige selbständige Schuhmachermeister mußte zufrieden sein, bei der Eisenbahn ein bescheidenes Auskommen zu finden. Dieses Abgleiten von der Selbständigkeit zum proletarisierten Eisenbahnangestellten schuf aus dem Vater Braun einen schweigsamen, innerlich verbitterten Menschen, dem freilich zu sehr die Einsicht in die Zusammenhänge fehlte, um aus seinem persönlichen Schicksal eine grundsätzliche Erkenntnis abzuleiten.

Die Mißstimmung über ein vermeintlich verfehltes Schicksal wirkte sich patriarchalisch im Kreis der Familie aus. Otto Braun und seine sieben Geschwister — vier Knaben und vier Mädchen zählte die kinderreiche Familie — lernten in dem Vater einen schweigsamen Menschen kennen, der nicht allzuviel Interesse für ihr Werden zeigte, zum mindesten nicht zu erkennen gab. So hat Otto Braun in seinem Elternhaus Anregungen für seine spätere Laufbahn nicht empfangen. Auf den Vater hatte das Schicksal zwar insofern eingewirkt, als er für das damalige System keinerlei Begeisterung empfand; aber seine stille Opposition kam höchstens dadurch zum Ausdruck, daß er am Tage der Reichstagswahl einen freisinnigen Stimmzettel — für damalige Begriffe ein erhebliches Dokument der Aufsässigkeit! — in die Urne legte.

Der Werdegang des Knaben Otto Braun ist das typische Proletarierschicksal jener Zeit. Er wird auf die Volksschule geschickt und muß in der obersten Klasse drei Jahre ausharren, weil höhere Stufen nicht existieren. Nichts Ungewöhnliches. — Aber wie viele von unseren Intellektuellen würden es von einem so bescheidenen Bildungsfundament aus auch nur zu einer M i t t e l s t e l l u n g gebracht haben?! Möchte doch endlich im deutschen Volk der ererbte Respekt vor Mensurnarben dem Respekt vor Männern aus dem Volke weichen, die aus eigener Kraft die entsetzlichen Bildungsversäumnisse ihrer Kindheit überwunden und durch eiserne Selbsterziehung eine Unzahl von Studierten an Fähigkeiten und Kenntnissen überflügelt haben!

Gelitten hat Otto Braun unter dem Schulelend nicht, wie ihn in allen Lebenslagen eine gleich kräftige Veranlagung des Körpers wie des Geistes vor den müßigen Einbildungen und Qualen überfeinerter Nervenmenschen bewahrt hat. In seiner körperlichen und seelischen Breite war er von früh auf der Mensch, der mit dem Leben fertig wurde und sich durch die unvermeidlichen Mißhelligkeiten des Daseins nicht hemmen ließ. Jedenfalls hat ihn schon in seiner Jugend häusliche Armut und Dürftigkeit nicht daran gehindert, alle Streiche zu begehen, ohne die ein richtiger Junge nicht denkbar ist. Daß er bei den Schlachten der Jugend durchaus nicht der letzte war, wird jeder glauben, der ihn kennt. Er wird auch den staunenden Aufruf ermessen, den ein Königsberger Schulkamerad bei einem späteren Wiedersehen ausstieß: „Das hätte ich nicht gedacht, daß der schlimmste Räuberjunge mal Minister werden wird!"

Als körperlich Größter und zugleich geistig am weitesten Fortgeschrittener mußte der langaufgeschossene Otto während der letzten Schuljahre in Vertretung des Rektors die Klasse beaufsichtigen. Otto Braun versichert, daß er dabei selber manchen Tumult angestiftet habe; aber sein Rektor muß doch allerhand auf ihn gehalten haben, denn eine

Beschwerde des eigenen Vaters wies der gute Herr kopfschüttelnd zurück: „Von meinem besten Schüler kann ich das nicht glauben."

Aus Musterschülern wird selten im Leben etwas, und so scheint Otto Brauns Behauptung, daß er kein solcher gewesen sei, nicht unglaubhaft. Schulentlassen, zeigt der Vierzehnjährige sofort eine selbstverständliche Art, Leben und Umstände zu meistern. Ohne irgendwem ein Wort zu sagen, geht er hin und besorgt sich allein eine Lehrstelle. Der Vater, der sich um den Sohn wenig gekümmert hat, erfährt nur zufällig davon, als nach dem Mittagessen der Sohn erklärt, Eile zu haben. Auf seine erstaunte Frage erhält der Vater die kurze Antwort: „Ich lerne jetzt."

Die Lithographische Anstalt Schomer, ein kleines Druckereiunternehmen, ist es, die den Druckerlehrling Otto Braun aufnimmt. Die Buchdrucker waren — damals in noch höherem Maße als heute — die Elite, die geistig höchststehende Schicht der Arbeiterschaft. Wen es zu etwas Höherem trieb, der suchte instinktiv in diesem Beruf anzukommen, der ihn wenigstens in eine äußere Beziehung zur geistigen Tätigkeit brachte. Es ist kaum ein Zufall, daß der Buchdruckerberuf der Arbeiterbewegung eine besonders große Zahl von führenden Persönlichkeiten gegeben hat.

Wer in der zweiten Hälfte der achtziger Jahre an der Druckpresse steht, der macht mit dieser Bewegung gewiß Bekanntschaft. Für den Intellektuellen bürgerlicher Herkunft ist der Schritt zur Sozialdemokratie meist ein umwälzendes geistiges Erlebnis. Beim Proletarier vollzieht er sich unmerklich, mit einer gewissen Selbstverständlichkeit.

Für Otto Brauns politische Entwicklung hat neben seinem Beruf ein Hausgenosse namens Neumann, Maurer seines Zeichens, einen entscheidenden Anstoß gegeben. Dieser hielt eine sozialistische Wochenschrift, die längst verschollene, damals in Nürnberg herausgegebene „Arbeiterchronik". Eines Sonntags, als Neumann ausgegangen war, gab der Bote die Zeitschrift bei der eine Treppe tiefer wohnenden Familie Braun ab. Der junge Otto benutzte die Gelegenheit, um bis zur Rückkehr Neumanns das Blatt von der ersten bis zur letzten Zeile zu verschlingen. Gern hätte er noch mehr Lektüre dieser Art gehabt. Mit einer kleinen Kriegslist gelang ihm dies: Am nächsten Sonntag lauerte er zur rechten Stunde den Boten ab und ließ sich mit der Versicherung, daß Neumanns nicht zu Hause seien, die neue Nummer aushändigen. So erhielt der ahnungslose Neumann monatelang seine Zeitschrift erst, nachdem der Lehrling Otto Braun sie gründlichst durchstudiert hatte. Er hat, als er davon erfuhr, diesen Eifer keineswegs übelgenommen, sondern die richtige Konsequenz daraus gezogen, indem er Otto Braun als Mitglied in die Sozialdemokratische Partei aufnahm.

Der Lehrling der Lithographischen Anstalt Schomer war nun eingeschriebenes Mitglied der Sozialdemokratischen Partei. Damals, in den Jahren des Sozialistengesetzes, bedeutete das etwas mehr als heutzutage. Tausende von Arbeitern wurden von ihren Prinzipalen ohne weiteres gemaßregelt, wenn ihre Parteizugehörigkeit ans Licht kam. Ein Lehrling, gegen den der Lehrherr sogar allerhand „Erziehungsrechte" besaß, war erst recht schutzlos. Trotzdem machte der Lehrling Braun aus seinem politischen Bekenntnis kein Hehl. Mitgliedsbücher, wie sie heute die meisten Parteien besitzen, waren damals noch unbekannt. Die Mitglieder zahlten ihren 10-Pfennig-Beitrag und bekamen dafür eine Quittungsmarke ausgehändigt. In Ermangelung einer Klebekarte dekorierte der Druckerlehrling Braun die Wand über seinem Arbeitsplatz mit den Beitragsmarken, wobei er sich darauf verließ, daß der kleine und kurzsichtige Chef sie nicht bemerken würde. Natürlich kam die Sache eines Tages doch heraus, aber der Chef drückte ein Auge zu, da er sonst an seinem Lehrling nichts auszusetzen fand. Das einzige, was zu Konflikten mit ihm Anlaß gab, war die frühzeitig hervortretende selbständige Natur Brauns. Im letzten Jahr der Lehrzeit wollte sich der junge Braun selbst vom Chef in seine Arbeit nicht mehr hineinreden lassen, so daß dieser einmal herausfuhr: „Bist du der Prinzipal oder ich?!" — Worauf der Lehrling erwiderte: „Der Prinzipal sind Sie, aber die Arbeit mache ich so, wie sie richtig ist." Und – der Chef sah ein, daß sein Lehrling in der Sache recht hatte. Als ein kluger Mann söhnte er sich alsbald mit seinem Lehrling aus.

Vielleicht wäre der Herr Prinzipal doch bedenklich geworden, wenn er erfahren hätte, was sein Lehrling während seiner Freizeit trieb. Nicht nur, daß er inzwischen von der „Arbeiterchronik" zur Lektüre der von Schippel herausgegebenen Zeitschrift „Volkstribüne" fortgeschritten war. (Für die heutige Generation muß daran erinnert werden, daß es eine sozialistische Tagespresse unter dem Sozialistengesetz nicht gab.) Wenn der Chef seinen Lehrling abends beobachtet hätte, so hätte er ihn in einem düsteren Kellerhals verschwinden sehen. Aber es war keine Verbrecherbande, die in diesem Keller tagte, sondern der „Leseklub Kant". Der militärische Ausdruck „Tarnung" war dazumals noch nicht geprägt. In der Sache handelte es sich bei diesem „Leseklub Kant" um eine der vielen Tarnungen, zu denen die durch Ausnahmegesetz geächtete Sozialdemokratie damals ihre Zuflucht nahm. Der Name „Kant" war für die Vaterstadt des Philosophen nicht unpassend gewählt. Dennoch wurde in diesem Keller kaum über die „Kritik der reinen Vernunft", dafür um so mehr über Hegel und Marx bis tief in die Nächte diskutiert. Ein paar junge Intellektuelle halfen die theoretischen Fundamente zu legen, so der damalige Referendar Hugo H a a s e , der Student G o t t s c h a l k und Ludwig Q u e s s e l. Sie führten den Lehrling Braun in die Geheimnisse der Dialektik und des historischen Materialismus ein. Kein Wunder, daß bei dieser sehr abstrakten Beschäftigung der junge Mann zunächst einem mit der Abstraktion nur allzu häufig verbundenen Radikalismus verfiel.

Im Jahre 1890 fiel das Sozialistengesetz, und die Sozialdemokratische Partei konnte sich auf legalem Boden organisieren. Der „Leseklub Kant" schloß seine Kellerpforte und ein Wahlverein für Königsberg tat sich auf, in dem der neunzehnjährige Braun die Mitgliedsnummer 5 erhielt. Fast aber hätte damals seine Parteizugehörigkeit ein jähes Ende gefunden. Die radikalen Abspaltungen von der Sozialdemokratie rühren nicht erst aus der Kriegszeit her. Auch damals gab es eine sehr heftige, zum Teil durch bekannte Namen verkörperte Linksbewegung; auch damals waren es hauptsächlich die „Jungen", die sich von den Alten, die sie für verknöchert und reaktionär hielten, loszutrennen bestrebten. Die Partei kam aus einer zwölfjährigen Periode der Ächtung heraus und begann, sich in der Realität einzurichten. Selbstverständlich übte die nüchterne Arbeit auf die Jugend bei weitem nicht den Reiz aus wie die romantische, an Verschwörung und Geheimbund erinnernde Tätigkeit während der Periode des Verbotenseins. Dieser Jugend schien die Partei, die Parteizeitungen, Parteidruckereien, Parteihäuser und Mitgliedsbücher schuf, zu verspießern und zu verphilistern.

Auch Otto Braun gehörte zu den „Jungen", ein Zeichen, daß auch der Realpolitiker mit Notwendigkeit seine radikale Jugendperiode durchläuft. Radikalismus und Realitätssinn sind oft, häufiger, als zugestanden wird, Ausdrucksformen verschiedener Lebensalter und Durchgangsstadien der gleichen Persönlichkeiten. Das hindert aber nicht, daß die Kämpfe zwischen Radikalismus und Realpolitik in jeder Generation von neuem zu heftigen Konflikten führen.

Damals, zu Beginn der neunziger Jahre, endete der Kampf der „Jungen" gegen die Parteileitung mit dem Ausschluß der „Jungen". Auch Otto Braun in Königsberg erschien ausschlußreif. Daß es gleichwohl nicht zu seinem Ausschluß kam, führt Braun selber auf die Wirkung seiner „jugendlichen Dreistigkeit" zurück. So mag es äußerlich ausgesehen haben. Wer aber mit Goethe annimmt, daß jede Persönlichkeit sich entwickeln muß nach dem Gesetz, nach dem sie angetreten, — der sieht hier einen jener entscheidenden Wendepunkte, die der innersten Veranlagung eines Charakters entstammen: Vor die Entscheidung zwischen Theoretisieren und praktischem Handeln gestellt, entscheidet sich Otto Braun für das Handeln.

Mögen Caféhaus-Literaten von der Höhe ihrer philosophischen Diskussionen verächtlich auf den „Bonzen" herabblicken, der das Organisieren der Massen, der das Überzeugen in Zahlabenden, das Führen in Vorstandssitzungen, das Wegefinden und Kompromisseschließen ihrer unbefleckten Geistigkeit vorzieht. Sie beschauen doch nur das Leben, das jener meistert!

Otto Braun hat seine Entscheidung für die Realität kaum getroffen, als diese sich seiner bemächtigt. Zur praktischen Bekehrung des Radikalen wird dieser in den Vorstand des Wahlvereins berufen und von seinen Genossen rücksichtslos zur Arbeit gezwungen. Und da merkt er sehr bald, daß die Wirklichkeit Bessergestalten etwas ganz anderes ist als bloßes Theoretisieren, daß diese Aufgabe höhere Kraft und Entschlußfähigkeit verlangt als die Diskussion im „Leseklub Kant", wo zwar die erhabensten Theorien — aber eben bloß Theorien gewälzt wurden.

Damit sind wir bereits über die politischen Anfänge Brauns hinaus. Aber es muß noch ein Wort dazu gesagt werden. Bei einer Persönlichkeit, die soviel Urwüchsigkeit ihrer engeren Heimat an sich hat wie der Ostpreuße Otto Braun, erscheint es dem Rückblickenden selbstverständlich, daß seine politischen Anfänge in seiner Heimat lagen.

Aber Otto Brauns ursprünglicher Wille ist es keineswegs gewesen, in seiner Vaterstadt Königsberg als Buchdrucker und jugendlicher Parteiarbeiter heranzuwachsen. Wie die aktivsten Elemente der jungen Arbeitergeneration, trieb es auch ihn nach den Traditionen des Handwerks hinaus in die weite, weite Welt. Heimat ist für das Alter eine liebliche Erinnerung, aber die Jugend empfindet drückend ihre Enge. Der eben ausgelernte Buchdruckergeselle Braun strebte weit aus der Heimat hinaus. Sein Sinn stand nach nichts Geringerem als — nach Amerika!

Das Schicksal aber, auch hier in die Gestalt der Zufälle gekleidet, wollte es anders. Es wollte offenbar nicht, daß Deutschland im Jahre 1931 mit kühlem Interesse die interessante Rede läse, die jenseits des großen Teiches ein Senator Otto Brown, an die Vernunft appellierend, zur Reparationsfrage gehalten hat; es wollte, daß ein Ministerpräsident Otto Braun an der Spitze Preußens mit zielbewußter Energie inmitten des Volkes, dem er entstammt, für dessen Wiederaufstieg und Zukunft arbeite.

Aus der Reise nach Amerika wurde nichts. Zunächst auch hier das Typische, daß der junge Braun sich ohne Sentimentalität, ohne Abschied, aus eigenem Entschluß auf die Wanderschaft begibt. Zufällig trifft ihn sein Vater auf dem Wege zum Bahnhof. „Wohin?" — „Habe ausgelernt, gehe auf die Wanderschaft." — „Na, da können wir noch vorher ein Glas Bier miteinander trinken." Das Glas Bier wird getrunken, und der Bummelzug geht ab.

Erste Etappe Berlin. Das typische Wanderburschendasein. Ankunft mit 20 Mark in der Tasche. Als diese vertan sind, wird Arbeit gesucht. Natürlich gerade jetzt keine zu finden. Hungerleben von trockenen Schrippen, dabei die Erfahrung, daß alte Schrippen für den halben Preis der frischen zu haben sind. Schließlich Rettung in höchster Not durch einen aus Königsberg her bekannten russischen Studenten. Nach mehrwöchiger Arbeit Weiterreise. Leipzig lockt, die Zentrale des Buchdrucks, die hohe Schule aller Druckergehilfen. In Leipzig aber trifft ein Telegramm ein: „Vater schwer krank". Nach heftigem inneren Kampf beschließt Braun, nach Hause zurückzukehren. Der Traum Amerika ist ausgeträumt.

Aber, ohne daß er damals von Goethe und dessen Wilhelm Meister viel weiß, ergeht es ihm wie dem Lothario, der die in Amerika vergebens gesuchte Gelegenheit zu gemeinnützigem Schaffen in der Heimat entdeckt. Auch Otto Braun wird wie Lothario daheim ausrufen dürfen:

„Hier oder nirgends ist Amerika!"

Der Sozialdemokrat

Unter einem sozialdemokratischen Agitator versteht das deutsche Bürgertum seit jeher ein lächerliches Zerrbild. Im alten Deutschland malte es ihn sich (nicht nur in den Witzblättern) als struppigen Kerl, schmierige Ballonmütze auf dem Kopf, Knotenstock in der Hand und die unvermeidliche

Schnapsflasche in der Tasche, als einen Maulaufreißer ohne Bildung und Wissen. Die Nachkriegszeit bevorzugt das Bild des gesättigten feisten „Bonzen", der von den Arbeitergroschen ein behagliches Leben führt und sich wenig um die Lage der anderen mehr kümmert, nachdem er für sich die soziale Frage gelöst hat.

Wer sich von einem aus der Generation Otto Brauns das Leben eines Parteiangestellten der Sozialdemokratie schildern läßt, der wird ein wesentlich anderes Bild gewinnen: Fast alle Führer aus den 80er und 90er Jahren ist der Übergang von der ehrenamtlichen zur besoldeten Parteitätigkeit kaum merkbar gewesen. Immer mehr wurden sie von der ehrenamtlichen Arbeit überhäuft: die Feierabende und Sonntage wollten um so weniger ausreichen, als damals noch die zehnstündige Arbeitszeit Regel war. Sie kamen beruflich zurück, und wenn endlich die Partei sich zu ihrer Anstellung entschloß, so blieb das Parteigehalt oft erheblich hinter dem bisherigen Berufslohn.

Vom Buchdrucker geht der Schritt zum Redakteur in dieser Zeit über die zeitweilige Personalunion beider Berufe. Auch bei Braun sollte es so sein.

Im Jahre 1893 war die Königsberger Sozialdemokratie endlich so weit, daß sie wenigstens zu den Reichstagswahlen dieses Jahres ein eigenes Organ herausgeben konnte. Redakteure waren Max Lorenz und der Uhrmacher Quessel, der spätere Züricher Doktor. Die „Wahlzeitung" erschien wöchentlich bis zur Wahl. Dann sollte ihr Erscheinen eingestellt werden. Jedenfalls gab der Parteivorstand in Berlin, der aus dem Wahlfonds die Zeitung finanziert hatte, kein Geld mehr für sie her. Aber die Königsberger hatten Gefallen an einem eigenen Organ gefunden und beschlossen seine Fortsetzung. Es wurden, wie Braun einmal in seiner trockenen Ironie erzählte, „schöne Artikel geschrieben und dann ein Drucker dafür gesucht". Die Geldmittel reichten gerade immer für eine Nummer. Das Kapital für die nächste mußte aus dem Verkauf der Auflage, das Stück für 5 Pfennig, erzielt werden. Das gab für das junge Vorstandsmitglied Braun allerhand Arbeit. Von 7 bis 7 Uhr stand er mit nur zweistündiger

Der Königsberger „Hochverräter" (1904)

Preußischer Landwirtschaftsminister (1919)

Preußischer Ministerpräsident (1927)

Preußischer Ministerpräsident (1932)

Die Entwicklung einer Persönlichkeit

Besprechung mit Konrad Haenisch, dem damaligen preußischen Unterrichtsminister, auf einer Eisenbahnfahrt

Im Berliner Stadion

Mittagspause an der Druckpresse. Abends wurde dann redigiert, kolportiert, Geld eingenommen und, wenn es für die nächste Nummer noch nicht reichen wollte, bei bessersituierten Parteigenossen zusammengeschnorrt. Otto Braun war für dieses Blatt Redakteur, Verleger, Kolporteur und Austräger in einer Person.

Nur ein Amt hatte man ihm abgenommen, das des verantwortlichen Redakteurs. Dies bekam ein junger Dichter, der aus Begeisterung darüber, daß endlich ein Blatt seine Gedichte — honorarfrei! — abdruckte, seinen Namen unter jede Nummer setzte. Diese poetische Begeisterung trug dem Unglücksmann allerdings nicht weniger als 16 Anklagen in wenigen Wochen ein.

Trotzdem nahm das Blatt eine stetige Entwicklung nach oben. Bald konnte es schon zwei- bis dreimal wöchentlich erscheinen und endlich sogar täglich. Die Entwicklung ließ sich nicht mehr aufhalten: eine Druckerei war gerade bankrott gegangen und wurde von der Partei aufgekauft, natürlich ohne Geld und Betriebskapital. Zum Geschäftsführer dieses jungen Unternehmens, das nun die Zeitung drucken sollte, wurde Otto Braun bestimmt, d. h.: der Name Geschäftsführer drückt den Umfang seines Tätigkeitskomplexes nur sehr unvollkommen aus. Braun war zugleich Druckereibesitzer, Geschäftsführer, Maschinenmeister, Drucker, Metteur, Redakteur und Berichterstatter des Blattes, außerdem noch Rechtsberater. Denn in dieser Zeit, in der es noch keine Arbeitersekretariate gab, wandte sich jeder Abonnent in Prozeß- und Rentensachen selbstverständlich an die Redaktion seines Blattes.

Für diese Universaltätigkeit bezog Otto Braun das fürstliche Monatsgehalt von 100 Mark (sofern das Geld in der Kasse war). Wir wollen aber verraten, daß schon damals an der Höhe eines solchen Gehaltes lebhaft Anstoß genommen wurde und es manche Diskussionen darüber gab, ob ein Sozialdemokrat ein Monatsgehalt von 100 Mark beziehen dürfte.

Wenn Braun — sehr früh am Morgen — antrat, so hatte er zunächst einmal das Manuskript für die Zeitung abzusetzen, dann den Satz zu umbrechen und zum Druck überzugehen. Ob es ihm dabei erging wie Gustav Noske, der zu jener Zeit in Brandenburg unter ähnlichen Verhältnissen ein Blatt herausgab und höchst eigenhändig das Schwungrad der auf Handbetrieb eingestellten Druckpresse zu drehen hatte, ist uns nicht bekannt. Sehr viel anders war es jedenfalls nicht. Redakteure hatte das Blatt lange Zeit nicht, es lebte von ehrenamtlichen Mitarbeitern. Nur S i t z r e d a k t e u r e mußten dauernd engagiert werden, nicht weil der Universalhersteller Braun die persönliche Verantwortung gescheut hätte, sondern weil eine Gefängnishaft Brauns mit einem Schlage dem Blatte sämtliche Kräfte, vom Geschäftsführer bis zum Setzer, entzogen hätte! Endlich war die Partei soweit, einen Redakteur anzustellen: die Wahl fiel auf G u s t a v N o s k e. Wie hätte man damals wohl gelacht bei dem Gedanken, daß hier ein künftiger preußischer Ministerpräsident zusammen mit einem künftigen Reichswehrminister ein kleines Blättchen herausgab!

Das Blatt hatte noch mit mancherlei Schwierigkeiten zu kämpfen. Einmal mußte die Druckerei aufgegeben werden, wobei der Geschäftsführer Braun fruchtlos gepfändet wurde. Aber die wachsende Bewegung trug das Unternehmen immer wieder vorwärts. Und man kam sogar dahin, daß in einer kleinen Bude ein besonderer Redaktionsraum aufgeschlagen werden konnte. Bis dahin hatten nämlich Redaktion, Geschäftsleitung und technischer Betrieb einträchtiglich in dem gleichen Raum zusammengewohnt. Der neue Extraraum für geistige Arbeit zeichnete sich zwar durch hervorragende Winzigkeit aus, aber auch das hatte seine Vorteile. Wenn nämlich die Polizei, was nicht selten vorkam, eine Nummer beschlagnahmen wollte, so fand nur der sehr beleibte Polizeiinspektor in dem Redaktionslokal Raum und mußte den ihn zum Zweck der Exekutive begleitenden Schutzmann zunächst vor der Tür lassen. Diesen Umstand nutzte dann ein flinker Bursche, Sohn eines alten Parteigenossen, meist aus, um den Hauptteil der Auflage durch einen Hintereingang fortzuschaffen.

Durch einen Zufall nahm im Jahre 1900 das Leben Brauns eine andere Wendung. Bis dahin war er Geschäftsführer der Zeitung gewesen, sein Gehalt war auf ganze 120 Mark monatlich gestiegen. In jenem Jahre aber fand die Zusammenlegung der verschiedenen Königsberger Krankenkassen zu einer Ortskrankenkasse statt. In den bisher zersplitterten Kassen hatte eine sehr erhebliche Mißwirtschaft geherrscht, die Arbeiterschaft hatte sich um die Verwaltung kaum gekümmert. Jetzt aber, bei den Wahlen zur neuen Ortskrankenkasse, gab die Sozialdemokratie Parole für Wahlbeteiligung aus. Es wurde ein voller Erfolg: die Sozialdemokratie errang auf einen Hieb die Mehrheit in der Leitung der Ortskrankenkasse und hatte nun die Möglichkeit, den Rendanten zu bestellen.

Auf einen so großen Erfolg waren die Sieger gar nicht gefaßt gewesen und deshalb über die Person eines geeigneten Bewerbers in ziemlicher Verlegenheit. Da verfiel man auf Otto Braun. Was half es ihm, daß er sich sträubte? Er hatte für jene Krankenkassenwahl ein Flugblatt verfaßt, hatte die Mißwirtschaft gegeißelt, nun mußte er heran und zeigen, daß er es besser konnte.

Er konnte es besser. Er übernahm die Arbeit, sah sehr bald, worauf es ankam und auf wen er sich verlassen konnte. Kurze Zeit darauf galt die Königsberger Ortskrankenkasse für mustergültig, Landräte und Rendanten kamen von weit her zum Studium der Einrichtungen, die der Organisator Braun dort getroffen hatte.

Wir stoßen hier auf das Geheimnis der Persönlichkeit, das immer denen unbegreiflich bleiben wird, die, um ein Wort von Bismarck zu gebrauchen, nur in der „Ochsentour" der regelmäßigen Beamtenlaufbahn es zu etwas bringen konnten. Heute hört man — nach kurzer Erkenntnis der Revolutionszeit — wieder sehr laut die Ansicht, daß nur regelmäßig absolvierte Studien und ausreichend bestandene Examina zu höheren und höchsten Ämtern befähigten. Bismarck, der es nie zu einer regelrechten Beamtenlaufbahn gebracht hat und im Grunde ein politischer Selfmademan war, würde darüber gelacht haben. Männer wie Friedrich Ebert, Otto Braun, Karl

Severing usw. sind für uns Heutige der deutliche Beweis, daß es ein durch keinerlei Regeln, Vorschriften und Bildungsgänge zu meisterndes Primat der Persönlichkeit gibt. Der aus der Volkstiefe aufsteigenden Persönlichkeit die Wege offen zu halten, ist eine Hauptaufgabe der Demokratie. Die Demokratie ist nicht persönlichkeitsfeindlich: sie nivelliert nicht wahllos die Menschen, sondern sie schützt im Gegenteil die große Masse der Bevölkerung vor der zwangsweisen Nivellierung, die das Los der Masse unter jeder Gewaltherrschaft ist. Was Otto Braun im Jahre 1900 als Kassenrendant getan hat, das hat er — im größeren Maßstab, aber im Wesen gleich — in den Jahren 1918 bzw. 1920 wiederholt. Damals hat er ohne besondere fachliche Vorbildung das Amt eines Landwirtschaftsministers und darauf eines preußischen Ministerpräsidenten übernommen, als eine ungeahnte geschichtliche Entwicklung ihn vor diese Notwendigkeit stellte. Und wiederum hat er bewiesen, daß er auf jedem Platz wußte, worauf es ankam.

Um 1900 aber ist der Name Otto Braun der Öffentlichkeit keineswegs schon geläufig. Er gehört nicht zu den Feuerwerkern der Politik, zu den Massenhypnotiseuren, die alle Blicke auf sich lenken. Bei ihm geht es zäh auf solid gefestigter Grundlage weiter. In der Sozialdemokratie spielt er damals etwa die Rolle einer „Provinzgröße". Er ist Vertreter Ostpreußens, nicht einmal der erste, als der gilt der Rechtsanwalt und Reichstagsabgeordnete Hugo Haase, der wirkungsvolle Redner, der Führer des linken Parteiflügels, der einzige Vertreter der ostpreußischen Sozialdemokratie im Parlament.

Otto Braun wird zwar seit Mitte der neunziger Jahre von seiner Parteiorganisation ziemlich regelmäßig auf die Parteitage der Sozialdemokratie als Delegierter geschickt, doch nimmt er gerade an den Debatten, auf die die gesamte Öffentlichkeit lauscht, an den Richtungskämpfen um die grundsätzliche Einstellung und Taktik der Partei nicht teil. Verachtet er, der damals unter dem Einfluß Haases stehend noch als Radikaler gilt, innerlich bereits das vielfach unfruchtbare Wortgezänk, das der Bewegung draußen so wenig nützt? Es

scheint so. Denn so oft er auf Parteitagen das Wort nimmt, geschieht das ausschließlich zu praktischen Fragen der Organisation. Er kämpft für die Propaganda auf dem flachen Lande, sucht die Partei für die Landarbeiterfrage und für die Aufhebung der Gesindeordnung zu interessieren, weist bei einer Anti-Alkoholdebatte in Mainz (1900) darauf hin, welche verheerende Wirkung der Schnaps gerade unter dem Landproletariat ausübt, wie er dort jedes politische und wirtschaftliche Emporstreben hemmt. Nur einmal hat Braun vor dem Kriege in den inneren Parteikampf eingegriffen. Das war auf dem Magdeburger Parteitag von 1910, als die Frage der Budgetbewilligung durch die badische Landtagsfraktion zu einer sehr erregten prinzipiellen Auseinandersetzung führte, die in einem Rededuell zwischen August Bebel und Ludwig Frank gipfelte. Damals steht Brauns Name an der Spitze eines Antrags, der eine Wiederholung dieses Konflikts dadurch verhindern will, daß er eine Kommission zum Studium der budgetrechtlichen Verhältnisse des Reiches und der Länder verlangt. Unter diesem Antrag stehen außer Braun noch 120 Namen, darunter mancher, der noch später in der Politik als der eines Taktikers zu Klang kommen soll, wie der Name Karl Severing. Allerdings, August Bebel wittert den Braten. Der alte Feuerkopf will eine klare Entscheidung gegen die Revisionisten, die eine Wiederholung des Falles Baden unmöglich machen soll. Der Ausweg, den Parteistreit in einer Kommission zu begraben, behagt seinem Führerstolz durchaus nicht, er will die Unterwerfung der Widerspenstigen durchsetzen. Und so ruft Bebel in seinem Schlußwort aus: „Das ist ein schlaues Mittel, die Sache um die Ecke zu bringen! Gelingt es uns, mit der Studienkommission zu keiner Entscheidung zu kommen, das wäre famos. Die im guten Glauben unterschrieben haben, sind den Schlaueren zum Opfer gefallen." (Heiterkeit.)
Braun, dem der Debatteschluß das Wort abgeschnitten hat, repliziert in einer persönlichen Bemerkung: Da der Grundgedanke des Antrags von ihm zuerst in der Presse veröffentlicht worden sei, so wäre es ihm von Interesse, zu wissen, ob er zu den Schlauen gehöre, auf deren Leim die angeblich

Dummen gekrochen seien. Es wäre ja sonst für ihn sehr angenehm, von Bebel zu den Schlauen gerechnet zu werden, aber in diesem Zusammenhang sei das Kompliment zweifelhaft. — Hier unterbricht ihn der Vorsitzende und ersucht ihn, sich doch bei Bebel danach privatim zu erkundigen. (Große Heiterkeit.) Braun aber bestreitet energisch, daß es sich hier um eine private Sache handle. Sein Antrag wolle für die Zukunft derartige Debatten vorbeugen. Die Studienkommission solle spätere Erörterungen so vorbereiten, daß sie fruchtbarer als die bisherigen Debatten der letzten 16 Jahre ausfallen.

Auf dem Grund dieser Bemerkung wie des Antrages Braun, der trotz der gegenteiligen Beteuerung seines Urhebers eines ironischen Untertons nicht entbehrt, liegt die innere Verachtung des Praktikers gegen das uferlose theoretische Gezänk, das sich seit Jahrzehnten auf jedem Parteitag der Sozialdemokratie wiederholt und von dem der Streit um die Budgetbewilligung nur einen Ausschnitt darstellt. Braun war die praktische Tat jedesmal lieber als die theoretische Konstruktion, und es ist charakteristisch, wie diese Einstellung ihn nun doch von dem linken Parteiflügel erheblich weit zur Mitte geführt hat.

Seine Befähigung zu praktischer Tätigkeit und sein Blick für die realen Dinge bringen ihn denn auch aus der Abgeschiedenheit der östlichen Provinz in die Parteizentrale: auf dem Jenaer Parteitag von 1911 wird er zum hauptamtlichen Parteikassierer und damit in den P a r t e i v o r s t a n d gewählt. Der Ruf, der ihm vorangeht, ist der eines sachlich befähigten V e r w a l t u n g s m a n n e s. Als solcher, nicht als ausgesprochener Politiker gelangt er zunächst in die Spitze der Partei. Auf den folgenden Parteitagen von Chemnitz 1912 und Jena 1913 erstattet Braun dann bereits den Kassenbericht, jenen Bericht einer in sich gefestigten Organisation, der stets die neidischen Seufzer bürgerlicher Kassenverwalter erregte.

Mit der Darstellung dieser Laufbahn vom örtlichen Vorstandsmitglied bis zum Mitglied des Zentralvorstandes der Sozialdemokratischen Partei haben wir bereits zwei Jahrzehnte durchmessen. Es wird aber notwendig sein, noch einmal zu dem Königsberger Kassenrendanten zurückzukehren.

Der Königsberger Hochverratsprozess

Von der Tätigkeit eines Kassenrendanten, auch eines hervorragend tüchtigen, erfährt die Welt im allgemeinen nichts. Und doch kommt der Tag, an dem der Kassenrendant Braun aus Königsberg im Mittelpunkt des europäischen Interesses steht, an dem alle Zeitungen über ihn berichteten — allerdings als über den A n g e k l a g t e n Braun.

Der Prozeß, der in der öffentlichen Meinung so lebhaften Widerhall erregt, ist ein Monstreprozeß, nicht wegen des Tatbestandes einiger beschlagnahmter Broschüren, ein Tatbestand, wie er heutzutage mit zehn Zeilen im Lokalteil abgetan würde. Er erregt das Aufsehen der Welt, weil sich in ihm das politische Verhältnis zweier europäischer Großmächte spiegelt. Der Ostpreuße Otto Braun hat sich nämlich vor einem preußischen Gericht, vor der Strafkammer in Königsberg, zu verantworten wegen Hochverrats. Aber nicht wegen Hochverrats gegen seinen Kaiser Wilhelm, nicht wegen Hochverrats gegen die Verfassung des Deutschen Reichs. Nein, ein Deutscher steht vor einem deutschen Gericht angeklagt des Hochverrats ... gegen den r u s s i s c h e n Z a r e n !

Um Ostpreußen schlingt sich — vor dem Kriege — die russische Grenze. Das Deutsche Reich aber grenzt nicht nur physikalisch, sondern noch viel mehr p o l i t i s c h an das Zarenreich.

So oft im 19. Jahrhundert in Groß-Deutschland der Geist der Freiheit sich regte, tauchte drohend im Hintergrund die Kosakenknute als Züchtigungsmittel auf. Der Zarismus hatte die Heilige Allianz und die Karlsbader Beschlüsse gegen die

„Demagogen" erzwungen. Der Zarismus stand 1848 für Preußen hilfsbereit, falls diesem die Unterdrückung der Revolution nicht aus eigener Kraft gelingen sollte, sie ihm vom Halse zu schaffen, wie er damals das Habsburger Reich vor der Revolution gerettet hat. Seit dem Sturze Bismarcks war freilich das russisch-deutsche Staatenbündnis, verkörpert im Rückversicherungsvertrage, gelöst worden, wodurch Rußland an die Seite der französischen Republik getrieben worden war. Trotzdem dauerten die Bemühungen an, Rußland durch Betonung der gemeinschaftlichen dynastischen Interessen wieder enger zu Deutschland zu ziehen, Bemühungen, die ein Jahr nach dem Königsberger Hochverratsprozeß zu jenem abenteuerlichen Bündnisvertrag von B j ö r k ö zwischen Wilhelm II. und dem Zaren Nikolaus führen sollten, der dann von der offiziellen Diplomatie verleugnet wurde.

Zwischen Björkö und dem Königsberger Hochverratsprozeß besteht ein innerer Zusammenhang. Dieser Prozeß war ein Gipfelpunkt der — man darf wohl sagen — würdelosen Anbiederung an das Zarenreich. Daß eine Großmacht auf Grund einer Fakultativbestimmung ihres Strafgesetzbuchs ihre eigenen Bürger wegen Hochverrats gegen ein fremdes Reich verfolgte, das noch obendrein einer gegnerischen Mächtekonstellation angehörte, — das war wohl das sonderbarste Schauspiel, das Europa seit langem erlebt hatte. Freilich wirkte neben der Liebedienerei gegen Rußland auch blinder Haß gegen die Sozialdemokratie für das Zustandekommen dieses Prozesses: neben dem außenpolitischen Zweck wurde auch ein innerpolitischer erstrebt; die Sozialdemokratie sollte als Bundesgenossin blutrünstiger russischer Terroristen und Anarchisten, sie sollte als Partei der Königsmorde und der Bombenattentate zum Schrecken aller deutschen Spießer enthüllt werden. Der Reichskanzler F ü r s t B ü l o w war es, der persönlich vor dem Reichstag die Aufgabe dieser Entlarvung unternahm. Er hielt eine berühmte Rede, in der er von den russischen Revolutionären verächtlich als von den „Schnorrern und Verschwörern", von den „Silberfarb und Mandelstamm" sprach. Die Rede wurde ein großer rednerischer Erfolg für den Kanzler, freilich ein Erfolg der

Art, wie alle Erfolge dieses glatten Phraseurs waren: Heute erkennt jedermann hinter der rhetorischen Blenderei die erschreckend tiefe Urteilslosigkeit ihres Urhebers.
Dann aber kam der Königsberger Prozeß, und die Lorbeeren des Kanzlers welkten. Es waren zum Teil Angeklagte recht untergeordneter Art, mit denen Otto Braun zusammen auf der Anklagebank Platz nehmen mußte. Der Sachverhalt war in kurzen Zügen folgender: Zu Beginn des 20. Jahrhunderts hatte in Rußland die Bewegung gegen den zaristischen Absolutismus mit erneuter Heftigkeit eingesetzt, bis sie während des russisch-japanischen Krieges in der ersten russischen Revolution ihren Gipfelpunkt erreichte. Die Bewegung wurde durch Schriften und Broschüren gespeist, die im Ausland gedruckt und über die Grenze geschmuggelt wurden. Ostpreußen als Grenzland spielte hierbei eine besondere Rolle. Es gab ein Vertrauensmännersystem, wenn auch keineswegs einen „Geheimbund", wie die Staatsanwaltschaft behauptete, über das die Schriftenpakete geleitet wurden. Natürlich ließ auch einmal hier und da ein sozialdemokratischer Funktionär den russischen Emigranten eine Hilfe zuteil werden. Auch Otto Braun hat dies des öfteren getan, zufällig aber gerade in dem Falle nicht, der zur Anklage kam.
Bei einem Vertrauensmann namens Klein in Memel waren gegen Ende 1903 für Rußland bestimmte Druckschriften gefunden und beschlagnahmt worden. Bei seiner ersten Vernehmung gab Klein auch den Namen von Otto Braun als eines derjenigen an, der ihm Druckschriften geliefert habe. Diese Angabe genügte der Staatsanwaltschaft und dem Untersuchungsrichter, um zur sofortigen Verhaftung Brauns zu schreiten und die Untersuchungshaft über ihn zu verhängen, die zehn Wochen lang aufrechterhalten wurde. Dabei muß man sich vergegenwärtigen, daß der § 102 des Strafgesetzbuches, der den Hochverrat gegen eine auswärtige Macht unter gewissen Voraussetzungen bestraft, lediglich Festungshaft als Strafe vorsieht.
Wie streng die Untersuchungshaft damals gegen Sozialdemokraten gehandhabt wurde, wie wenig auf die Inhaftierten auch nur die elementarste Rücksicht genommen

wurde, dafür bietet der Fall Otto Braun ein Musterbeispiel: Braun erkrankte in der Untersuchungshaft an B l i n d d a r m - e n t z ü n d u n g. Der Gefängnisarzt ersuchte dringend um Brauns Entlassung, damit er operiert werden könne, da Lebensgefahr in höchstem Maße bestand. Trotzdem widersprach die Staatsanwaltschaft der Haftentlassung und drang mit ihrem barbarischen Standpunkt durch! Wenn Otto Braun heute lebt, so ist es nicht ihr Verdienst. Er verdankt sein Leben seiner unverwüstlichen Natur. Die Eiterung verkapselte, und die Lebensgefahr war zunächst abgewendet.

Nach zehnwöchiger Haft durfte Braun endlich das Untersuchungsgefängnis verlassen. Aber auf Beschwerde der Staatsanwaltschaft setzte das Oberlandesgericht alsbald den Entlassungsbeschluß außer Kraft. Klassisch war die Begründung für die Aufrechterhaltung der Haft. Nachdem die Verdunkelungsgefahr in Fortfall gekommen war, nahmen die Gerichte Fluchtverdacht als vorliegend an und begründeten diesen — mit der Nähe der r u s s i s c h e n Grenze! Die Herren Juristen meinten offenbar, daß ein wegen Hochverrats gegen den Zaren Angeklagter ausgerechnet — i n R u ß l a n d ein Schutzasyl suchen würde! Man steht in schweigender Ehrfurcht vor soviel Scharfsinn.

Braun aber genügten seine bisherigen Erfahrungen im Untersuchungsgefängnis. Er begab sich nach seiner Haftentlassung für einige Wochen zwar nicht nach Rußland, wohl aber nach der Schweiz, um zunächst einmal in Zürich die notwendige Blinddarmoperation vornehmen zu lassen. Ausgeheilt stellte er sich selbstverständlich dem Gericht wieder zur Verfügung. In der damaligen Zeit, als die politisch Verfolgten meist der Sozialdemokratie angehörten, galt es noch als Ehrenpflicht, vor Gericht für seine Handlungen einzustehen. Die radikalen Maulhelden, die heute durch ihre Fluchten vor der Justiz Sensation erregen, würden damals wenig Sympathie erweckt haben.

Am ersten Verhandlungstage fiel dem Angeklagten Braun bereits eine besondere Rolle zu: der Vorsitzende verlangte von ihm als dem prominentesten Angeklagten eine allgemeine Darstellung der Ziele der deutschen Sozialdemokratie.

Braun gab sie, knapp, sachlich, überzeugend. Der in dem Buche Kurt Eisners über den Königsberger Hochverratsprozeß enthaltene Bericht gibt nur ein schwaches Bild dieser eindrucksvollen Ausführungen.

Angeklagter Braun: Die Sozialdemokratie geht von der Erkenntnis aus, daß die Ursache des sozialen Elends das Privateigentum an den Produktionsmitteln ist. Sie erstrebt daher die Überführung der gesamten Produktionsmittel in gemeinschaftlichen Besitz und Leitung der Produktion durch die Gesellschaft und für die Gesellschaft. Wir wollen dadurch die unterdrückte Arbeiterklasse von ihren Leiden befreien. Dieses Ziel wollen wir auf gesetzlichem Wege erreichen. Wir benutzen in den Parlamenten und in den Kommunalverwaltungen jede Gelegenheit, die Leiden der Unterdrückten zu mildern und die Arbeiterklasse zu heben. Unsere Bestrebungen vollziehen sich in der breitesten Öffentlichkeit. (Bezieht sich auf die Anklage wegen Geheimbündelei. D. H.)

Der erste Verhandlungstag brachte schon die Anklage gegen Braun zum Einsturz. Der Angeklagte Klein nahm seine — schon in der Voruntersuchung richtiggestellten — ursprünglichen Behauptungen über Brauns Mittäterschaft zurück, was dem ersten Staatsanwalt den entsetzten Ausruf entlockte: „Aber die Aussage Klein war doch das einzige, was gegen Braun vorlag!"

Der Prozeß dauerte vierzehn Tage, für damals eine recht lange Zeit. Sein Verlauf gestaltete sich aber ganz anders, als die Urheber gedacht hatten. Auf die Anklagebank rückten immer mehr die blutigen Gewaltmethoden des Zarismus, rückten die Massenerschießungen, die öffentlichen Auspeitschungen, die Judenpogrome. Die Angeklagten versäumten keine Gelegenheit, um zu beweisen, daß die Darstellungen der geschmuggelten Schriften über die russischen Greuel der Wirklichkeit entsprachen, ja weit von ihr übertroffen wurden. Und immer mehr erstaunte die Öffentlichkeit, wie die deutsche Justiz es fertig brachte, jenem Blutsystem Schergendienste zu leisten. Die öffentliche Sympathie wuchs den Angeklagten zu, die selbst, wenn sie im Sinne der Anklage schuldig waren, doch nur einer Menschenpflicht genügt hatten, wenn sie russischen Emigranten gegen dieses System halfen.

Nicht als Angeklagte, sondern als Anklägerin trat die deutsche Sozialdemokratie in diesem Prozeß auf. Zudem stellte sich heraus, daß die Schriftenzitate, auf Grund derer man die russische Sozialdemokratie — und auf dem Umweg über sie die deutsche — einer Unterstützung des Terrorismus hatte bezichtigen wollen, in bedenklichster Weise falsch übersetzt und entstellt waren. Diese entstellten Zitate waren die Glanzpunkte der Bülowschen Kanzlerrede gewesen... Das Urteil mußte denn auch anerkennen, daß die russische Sozialdemokratie nicht auf dem Wege terroristischer Einzelakte, sondern auf dem Wege der Massenbewegung ihr Ziel zu erreichen suche. Damit war der innerpolitische Zweck der ganzen Aktion vernichtet, denn gegen die deutsche Sozialdemokratie blieb nun erst recht nichts übrig.

Noch kläglicher verunglückte der außenpolitische Zweck. In ihrem blinden Eifer hatte die deutsche Staatsanwaltschaft übersehen, daß der § 102 StGB. die Bestrafung wegen Hochverrats gegen eine ausländische Macht nur bei **verbürgter Gegenseitigkeit** zuläßt. Das Gericht stellte im Urteil fest, daß zur Zeit der Tat die Gegenseitigkeit **nicht** verbürgt war, was zur Einstellung des Verfahrens wegen Hochverrats führte.

Aber die schimpflichste Folge dieses Prozesses haben die damals Miterlebenden nicht einmal bemerkt. Sie trat erst zehn Jahre später in Erscheinung. Die Aufdeckung der Schriftentransporte war im wesentlichen das Werk **russischer** Spitzel gewesen, denen deutsche Behörden bereitwilligst die Tätigkeit auf deutschem Boden gestattet und erleichtert hatten, weil diese Tätigkeit — nach Meinung der Behörden — gegen den gemeinsamen Feind der Hohenzollern und der Romanoffs, gegen die Sozialdemokratie, ging.

Diese Spitzel aber waren vielseitiger, als die preußische Polizei vermutet hatte. Bei Ausbruch des Weltkrieges 1914 bemerkten die preußischen Militärs, daß den Russen kein Festungswerk, kein Standort eines schweren Geschützes, kein betonierter Unterstand im Grenzgebiet unbekannt war. Ihre Artillerie war auf alles eingeschossen. **Die braven**

Spitzel hatten so ganz nebenbei auch dieses für ihre Regierung ausgekundschaftet. So sollte sich die nationale Würdelosigkeit gegenüber einer fremden Macht, hervorgegangen aus dynastischer Solidarität, auf Kosten deutschen Blutes fürchterlich rächen!

Die Landarbeiterschaft

Die agrarischen Ostprovinzen des alten Preußen — Pommern, Westpreußen, Ostpreußen, Posen — waren ziemlich gleichartig konstruiert: jede Provinz besaß eine Hauptstadt von einigen hunderttausend Einwohnern, dann gab es noch ein paar Mittelstädte, das übrige war Kleinstadt und flaches Land. In all diesen Provinzen war die industrielle Arbeiterschaft eine hoffnungslose Minderheit, die sich auf die Hauptstadt und ein paar durch besondere Umstände herangewachsene Industriestädte beschränkte. Nur in diesen Bezirken bildete das industrielle Proletariat eine Mehrheit; auf dem Lande war es höchstens durch die Ziegeleiarbeiter, die Arbeiter in Brennereien oder einzelne Monteure für landwirtschaftliche Maschinen vertreten.

So beschränkte sich in diesen Provinzen der Agitationsbereich der Sozialdemokratie zunächst auf die Hauptstadt und wenige andere Städte. Das Land war und blieb die unumschränkte Domäne der preußischen Junkerschaft. Die Landarbeiter waren so tief in Hörigkeit und wirtschaftliche Abhängigkeit von ihren Arbeitgebern verstrickt, daß eine Agitation unter ihnen für aussichtslos gehalten wurde. Zudem unterstanden sie der Gesindeordnung, sie besaßen kein Streikrecht, so daß auch für eine gewerkschaftliche Zusammenfassung der Boden zu fehlen schien. Ihr kultureller Zustand war der denkbar trostloseste, außer der zeitlich unbegrenzten Arbeit spielte im Leben vieler nur der Schnaps eine Rolle.

Otto Braun war einer der ersten, der die Bedeutung der Landarbeiterschaft für die Arbeiterbewegung erkannte. Aus seiner praktischen Tätigkeit heraus kam er zu diesem Pro-

blem. Die Sozialdemokratie pflegte bei Reichstagswahlen zwar auch in den ländlichen Wahlkreisen Kandidaturen aufzustellen, aber es waren reine Zählkandidaturen. Immerhin hatte der Kandidat die Pflicht, seinen Wahlkreis zu „bearbeiten". Hierbei war nichts schwerer, als den Terror der Gutsbesitzer zu überwinden. Versammlungen im Freien waren damals gesetzlich noch nicht erlaubt, und wehe dem Gastwirt, der seinen Saal an die Sozialdemokratie zu Versammlungszwecken gab!
Braun hatte bald in diesem, bald in jenem Wahlkreis als Kandidat die Arbeit zu leisten. An einen persönlichen Erfolg gegen den Terror der Großgrundbesitzer war von vornherein nicht zu denken. Trotzdem erzielte die Sozialdemokratie in manchen dieser rein ländlichen Wahlkreise achtunggebietende Stimmenziffern. Einmal gelangte Braun im Wahlkreis Memel-Heydekrug, dem nördlichsten Wahlkreis Deutschlands, sogar bis in die Stichwahl. Im Entscheidungsrennen siegte jedoch sein konservativer Gegner. Die Litauische Partei, die in diesem Kreise eine nicht unbeträchtliche Stimmenzahl aufbrachte, hatte sich zwar bei früherer Gelegenheit die sozialdemokratische Stichwahlhilfe gegen die Konservativen gefallen lassen. Aber ihr Gegenseitigkeitsversprechen hielt sie nicht. Für einen Sozialdemokraten in der Stichwahl zu stimmen, dazu reichte ihr Oppositionsgeist nicht aus.
Wenn also Otto Braun vor dem Kriege in den Reichstag nicht gelangt ist, so hat die ländliche Agitation doch zu seiner Entwicklung in entscheidender Weise beigetragen, da sie ihm ein neues Tätigkeitsfeld erschloß. Die Agitation mußte sich in diesen Kreisen an die Landarbeiter wenden. Politisch, wirtschaftlich und rechtlich führte der Landarbeiter ein noch gedrückteres Dasein als der Industrieproletarier. Sein Lebensstandard war der niedrigste in ganz Deutschland, seine Behausung war oftmals schlechter als die des Viehes; in rechtlicher Beziehung unterstand er der Landarbeiterordnung von 1854, in der sich noch ein Stück Leibeigenschaft aus dem Mittelalter in die Neuzeit fortgepflanzt hatte. Seiner Klassenlage nach war der Landarbeiter in viel

höherem Maße für die Sozialdemokratie prädestiniert als der Kleinbauer und Häusler, in denen immer noch ein Stück Besitzbürger lebendig ist.
Aber was nützte es schon, wenn ab und zu ein Agitator sich aufs Dorf verirrte und in irgendeiner Scheune eine Versammlung abhielt? Damit konnte man unmittelbar vor der Wahl Stimmen werben, aber der Impuls reichte nicht lange vor, solange den Landarbeitern fehlte, was den Industriearbeitern ihr Rückgrat gab: die feste Organisation.
Otto Braun war einer der ersten, die dies erkannten, und der erste, der den Entschluß faßte, diesen Mangel auszumerzen. Er ist der Begründer der sozialistischen L a n d arbeiterorganisation geworden. So schmerzlich man auch sonst in der Partei die politische und wirtschaftliche Abhängigkeit des Landproletariats vom Großgrundbesitz empfand, so hielt man doch eine Änderung dieses Zustandes bei der bestehenden Rechtslage für unmöglich. Landarbeiter organisieren, das hieß Wasser im Sieb forttragen! Als Otto Braun sein Unternehmen begann, bekam er oft genug zu hören, daß er „ein Stück aus dem Tollhaus" liefere. Das ist übrigens meist so, wenn einer sich auf ein neues Gebiet begibt.
Es entsprach dem Wesen dieses nüchternen, real eingestellten Mannes, daß er für sein neues Unternehmen nicht nur die Idee, sondern einen zum Erfolg führenden Weg fand. Zunächst wurden bei der Agitation die Adressen von Landarbeitern gesammelt. Nur auf diesem Wege konnte man den Landarbeitern Stimmzettel zur Wahl verschaffen. Amtliche Stimmzettel wie heute gab es damals nicht. Jede Partei mußte ihre Stimmzettel selber verbreiten. In viele Dörfer aber wurde der sozialdemokratische Stimmzettelverteiler gar nicht hereingelassen bzw. mit Steinwürfen und Hunden hinausgehetzt. So blieb denn nichts übrig, als dem einzelnen Wähler per Post seinen Zettel zu übersenden.
Das so gewonnene Adressenmaterial ließ Braun sorgfältig ausbauen, um hierauf eine Z e i t s c h r i f t für die Landarbeiter, den „Landboten", zu gründen. Da niemand sonst zu der Sache Zutrauen hatte, nahm Braun die Herausgabe

dieser Zeitschrift auf seine eigene Kappe. Es war schwer genug, eine Druckerei zu finden, die wenigstens die erste Nummer auf Kredit herstellte. Sie ging als Probenummer an alle gesammelten Adressen mit der Aufforderung, dreißig Pfennig in Briefmarken als Abonnementsgeld für das erste Quartal einzusenden. Es meldeten sich auf den ersten Schlag 1800 Abonnenten. Damit war der Bestand des „Landboten" gesichert.

Natürlich schuf das Unternehmen seinem Herausgeber eine Menge neuer Arbeit. Denn die einlaufenden Antwortbriefe enthielten nicht nur die erwünschten dreißig Pfennig, sondern darüber hinaus eine Menge von Anfragen, Klagen, Beschwerden usw., deren Erledigung eine intensive Beschäftigung mit dem Landarbeiterproblem zur Notwendigkeit machte. Erst viel später wurde diese Tätigkeit von der Landarbeiterorganisation übernommen.

Dem „Landboten" folgte der erste sozialdemokratische Kalender. Den Konservativen war nämlich der Schrecken gewaltig in die Glieder gefahren. Schon bei der Wahl von 1898 hatte ein von Otto Braun verfaßtes Flugblatt an die Landarbeiter der Sozialdemokratie eine beträchtliche Menge Stimmen zugeführt. Namentlich Brauns Gegenkandidat, ein Herr von Klinkowström, hatte sich im Reichstag bitter darüber beschwert, daß das Flugbatt „gemein verhetzend", aber doch „mit infernalischer Geschicklichkeit" angefertigt worden sei, was er besonders bedauerte, weil sich auch beim besten Willen nicht die Möglichkeit zu einem strafrechtlichen Einschreiten gegen den Verfasser bot. Dies war allerdings weniger der Stilistik Otto Brauns als der juristischen Redaktion Hugo Haases zu verdanken.

Jetzt aber trat die Sozialdemokratie mit einer periodischen Zeitschrift an die Landarbeiter heran und rüttelte damit an den Fundamenten der Junkerherrschaft. Das brachte die konservative Oberschicht in ernste Sorgen. Intensiv bemühten sich nunmehr die Gutsherrschaften, durch Verbreitung von Kalendern, anscheinend belehrenden und unterhaltenden Charakters, den monarchischen und konservativen Gedanken in jede Landarbeiterhütte zu tragen. Braun schuf als poli-

tisches Gegenmittel einen sozialdemokratischen Kalender. Dieser erfreute sich bald solcher Beliebtheit, daß das ostpreußische Beispiel in allen ländlichen Provinzen nachgeahmt wurde, wobei der Braunsche Kalender als vorbildlich galt. In reinen Industriekreisen freilich wußte man die Schwierigkeiten und den Wert eines solchen Unternehmens nicht gebührend einzuschätzen, und noch auf dem Nürnberger Parteitag von 1908 mußte Braun sein Kind gegen die Kritik eines Redners aus dem Westen verteidigen.
Aus dem „Landboten" und dem Landkalender hat sich dann die gewerkschaftliche Landarbeiterorganisation, der D e u t s c h e L a n d a r b e i t e r v e r b a n d entwickelt. Auch bei dieser Gründung ist Braun führend gewesen, sie geht großenteils auf eine von ihm verfaßte Denkschrift zurück. Das Hauptbedenken gegen die Gründung des Verbandes beruhte darauf, daß die Landarbeiter damals kein Streikrecht besaßen. Der ländliche Kontraktbruch und die Aufforderung dazu war nach dem preußischen Gesetz von 1854 strafbar. Braun aber wies nach, daß dies nicht gegen eine Organisation der Landarbeiter als solche spräche. Immer wieder betonte er auf Parteitagen und anderwärts, daß es, wenn man den Landarbeiter dauernd gewinnen wolle, ohne die feste Grundlage einer Organisation nicht gehe. Die Entwicklung gab ihm recht.
Der Landarbeiterverband wuchs bald zu einem großen und selbständigen Organisationsgebilde mit eigenem Verwaltungsapparat. Für Brauns politische Entwicklung aber ist diese Periode von starkem inneren Einfluß geblieben: sie brachte ihn in Beziehung nicht nur zu den Landarbeitern, sondern zu den gesamten Agrarfragen. Wie wir das Wesen dieses Mannes bisher begriffen haben, ist es fast selbstverständlich, daß für ihn die Frage der Landarbeiterschaft keine a g i t a t o r i s c h e bleiben konnte. Braun wurde auf diesem Wege nicht nur einer der besten Kenner landwirtschaftlicher Probleme in der Sozialdemokratie, sondern auch der erste sozialdemokratische Landwirtschaftsminister.
Man empfindet dabei eine innere Wesensbeziehung. Offenbar ist Braun einer jener Städter, in deren Unterbewußtsein

noch sehr viel von der ursprünglich ländlichen Abkunft vorhanden ist. Man spürt bei ihm wenig von Überzivilisation, von der Nervosität und Hast des heutigen Großstädters. Mit seiner massigen Gestalt, seinem breiten ostpreußischen Dialekt, seinem derben, sarkastischen Humor und seiner Freude an einer gemäßigten Ausübung der Jagd könnte man Otto Braun ganz gut für einen kultivierten Gutsbesitzer aus dem Osten halten. Daher kommt es auch, daß man niemals bei Otto Braun, wenn er über Landwirtschaftsdinge redet, den Eindruck hat: was versteht denn dieser Städter davon?

Seine Stellung zur Agrarfrage ist dabei stark von seinem Verhältnis zur Landarbeiterschaft bedingt. Die Zerschlagung des gesamten Großgrundbesitzes in Bauerngüter, wie radikale Bodenreformer sie verlangen, lehnt er ab. Sie würde nur eine technisch überlegene Betriebsform vernichten, entwicklungs- und leistungsunfähige Zwergbetriebe schaffen und einen Teil der Landarbeiterschaft zur Abwanderung in die Städte zwingen. Ihm steht als Ziel die Erhaltung der ländlichen Großbetriebsform, aber ihre Überführung aus den Händen oft verschwenderisch wirtschaftender Feudalherren in Allgemeinbesitz vor Augen. Als Landwirtschaftsminister hat Braun später die Siedlungsversuche des Professors Oppenheimer mit warmer Anteilnahme unterstützt, die in der Genossenschaftssiedlung eine Verbindung zwischen landwirtschaftlichem Großbetrieb und Individualbesitz des einzelnen erstrebt. (Charakteristikum der heutigen Zeit: dies Verhalten hat Braun die plumpen Angriffe einer antisemitischen Hetzbroschüre eingetragen.)

Persönlich hat Braun in der Vorkriegszeit von seiner Landarbeiteragitation nichts weiter gehabt als eine Unmenge Strapazen, Arbeit und — Strafen! Daß ein sozialdemokratischer Führer in der Vorkriegszeit ein längeres Strafregister ansammelte, war eine Unvermeidlichkeit, mit der man sich abfand. Seine erste größere Strafe erhielt er wegen Majestätsbeleidigung. Er hatte das berüchtigte Kaiserwort, wonach die Soldaten im Falle einer Revolution „auf Vater und Mutter schießen" sollten, in einer Versammlung mit den

Bei Eröffnung einer Ausstellung. (Links Severing)

Auf einer Länderkonferenz
Pünder Brauns Curtius   Otto Braun Höpker-Aschoff Grzesinski

Als Minister: Empfang für Schober
Franz von Mendelssohn   Hermann Müller

Als Volksmann: Parteitag in Magdeburg

Worten glossiert: „Wer einem Sohne zumute, auf die eigenen Eltern zu schießen, müsse ein roher Patron sein." Eine solche Kritik der allerhöchsten Person kostete damals z w e i M o n a t e Gefängnis. Ihre volle Berechtigung war juristisch bedeutungslos. Heutzutage kann jeder Schimpfbold einen republikanischen Minister gänzlich unberechtigt der gemeinsten Handlungen bezichtigen, ohne meist mehr als geringe Geldstrafen zu riskieren, falls er nicht gar aus seltsamen formalen Gründen gänzlich freigesprochen wird. Insgesamt hat es Braun auf neun Strafen, darunter zwei Gefängnisstrafen, gebracht. Über den Königsberger Hochverratsprozeß berichten wir an anderer Stelle. Freunden wie Gegnern des preußischen Ministerpräsidenten soll aber nicht verschwiegen werden, daß dieser Schwerverbrecher sich nicht nur der Majestätsbeleidigung, sondern auch eines veritablen „Hausfriedensbruches" schuldig gemacht hat und dieserhalb mit zwei Wochen Gefängnis „vorbestraft" ist. Die grause Tat war beim sonntäglichen Flugblattverteilen in einem ostpreußischen Dorf begangen worden. Braun und ein zweiter Parteigenosse wollten einen Gutshof mit Flugblättern belegen und waren von dessen Besitzer heruntergewiesen worden. Nun führte quer durch den Hof die öffentliche Straße. Auf dieser blieben Braun und sein Begleiter stehen, denn sie hielten sich für berechtigt, trotz der Ausweisung durch den Besitzer hier weiter zu verteilen. Das zuständige Amtsgericht aber entschied nach gründlichster Untersuchung, daß das Hausrecht des Gutsbesitzers sich auch auf die Straße erstreckte. Daß es den „guten Glauben" der Angeklagten nicht beachtete, war bei deren „böser" politischer Gesinnung damals selbstverständlich.

Der Parlamentarier

Die parlamentarische Laufbahn Brauns beginnt erst kurz vor dem Ausbruch des Weltkrieges. Dem Reichstag hat er vor der Revolution niemals angehört. Sein jetziges Reichstagsmandat gilt dem preußischen Ministerpräsidenten hauptsächlich als Verbindung nach dem Reiche.

Das Wirkungsfeld des Parlamentariers Otto Braun war und ist der Preußische Landtag. Ein Gebiet, das der Sozialdemokratie im alten Preußen infolge des Dreiklassenwahlrechts lange Zeit gänzlich verschlossen war. Dieses „elendeste aller Wahlsysteme", wie Bismarck es einmal genannt hat, schloß die Arbeiterklasse von jeder Vertretung aus. Da heute von dem Charakter dieses Wahlrechts nur noch sehr vage Vorstellungen bestehen, so seien hier ein paar Zahlen ins Gedächtnis zurückgerufen:

1903 betrug die Zahl der Wahlberechtigten in Preußen 7 101 963. Davon wählten 238 845 oder 3,36 % in der ersten Klasse, 856 914 oder 12,07 % in der zweiten Klasse, 6 006 204 oder 84,57 % in der dritten Klasse. Ein Wähler der ersten Klasse hatte also 25mal soviel Wahlrecht wie ein Wähler der dritten Klasse und siebenmal soviel wie ein Wähler der zweiten Klasse.

1903 erhielten die Konservativen von 19,39 % der Urwähler 153 Abgeordnete, die Sozialdemokraten von 18,79 % der Urwähler 0 Abgeordnete.

Unter diesen Umständen hat die Sozialdemokratie lange Zeit auf jede Beteiligung an der Preußenwahl als aussichtslos verzichtet. Zu Beginn des 20. Jahrhunderts setzte eine wachsende Bewegung in der Partei auf Beteiligung an den Preußenwahlen ein. Sie führte im Jahre 1903 zu einem ersten Versuch, bei der Wahl von 1908 zum ersten Erfolg: Die Sozialdemokratie errang 23,8 % der Urwählerstimmen, aber mit diesen noch nicht 2 % der Mandate, nämlich ganze 7 von 410.

Ostpreußen kam bei seiner ländlichen Struktur für die Eroberung eines Landtagsmandats durch die Sozialdemokratie nicht in Frage. Die wenigen preußischen Landtagssitze konnten nur erobert werden in Wahlkreisen, in denen die Industriebevölkerung so dicht geballt saß, daß bei der allgemeinen Gleichförmigkeit der Armut Arbeiter auch in die II. Wählerklasse eingereiht wurden. Zu den besonderen Eigentümlichkeiten des Dreiklassenwahlrechts gehörte nämlich, daß die Drittelung der Wähler nach der Steuerleistung in jedem Stimmbezirk gesondert vorgenommen wurde. So kam es, daß z. B. die meisten Minister, da ihre Dienstwohnungen im reichsten Stadtviertel Berlins lagen, in der III. Wählerklasse wählen mußten. Dagegen stiegen in der Proletarierstadt Altona die Bordellwirte des Hafenviertels zu Wählern I. Klasse auf!

Die nächste Wahl zum Preußischen Landtag fand Ende des Jahres 1913 statt. Sie steigerte die Stimmenzahl der Sozialdemokratie auf 28 % der Urwähler, die Zahl ihrer Landtagssitze aber nur auf 10, gleich 2¼ % der Abgeordneten. Unter diesen 10 befand sich auch Otto Braun, der als Mitglied des Parteivorstandes inzwischen nach Berlin übergesiedelt war und im Kreise Niederbarnim-Oberbarnim, der die nördlichen Berliner Vororte mitumfaßte, zusammen mit Konrad Haenisch und Adolf Hofer gewählt wurde. Bei dieser Zahl von zehn sozialdemokratischen Abgeordneten ist es bis zum Zusammenbruch des Systems geblieben.

Die Stellung einer winzigen Fraktion, die mehr als ein Viertel der Wählerschaft im Lande hinter sich hat, ist politisch und moralisch eine andere als die einer faktischen Splittergruppe. Die reaktionäre Mehrheit — konnten doch allein die Konservativen (ohne Freikonservative) mit noch nicht 15 % der Wählerstimmen mehr als ein Drittel aller Mandate besetzen — dachte natürlich nicht daran, die sozialdemokratische Gruppe als gleichberechtigte Fraktion zu behandeln.

Auch nach der persönlichen Seite hin hatte die kleine Gruppe kein leichtes Dasein. Junkerlicher und bürgerlicher Hochmut wetteiferten, der kleinen Schar die gesellschaftliche Ächtung, in der sie sich befand, fühlbar zu machen. Die „kompakte Majorität", um mit Ibsens „Volksfeind" zu reden, ließ, breitbeinig aufgepflanzt im Gefühl ihrer dutzendfachen Überzahl, keine Gelegenheit ungenutzt, an der wehrlosen Minderheit ihr Mütchen zu kühlen.

Man würde Verständnis dafür aufbringen, wenn zügellose Gehässigkeit das Echo hierauf gewesen wäre. Aber wer die Verhandlungen des letzten Dreiklassen-Parlaments aus den

Protokollen studiert, der staunt, mit welch überlegener Sachlichkeit die wenigen Sozialdemokraten zumeist ihren Kampf führten. Nichts von dem hysterischen Gekreisch, das heute zum Wesen radikaler Oppositionsparteien gehört. Auch nichts von jener Oberflächlichkeit, die mit ein paar Schlagworten schwierige Wirtschaftsprobleme abtun möchte. Die Reden der Sozialdemokraten im preußischen Dreiklassenhaus erstaunen durch ihre Fülle an sachlichem Material. Das gilt zumal von den Reden, die Otto Braun gleich nach seinem Eintritt ins Parlament zahlreich zu halten hatte. Man muß ihre strenge Sachlichkeit um so mehr anerkennen, als bei der Kleinheit der Fraktion es sich nicht umgehen ließ, daß jedes Mitglied zu den verschiedensten Fragen reden mußte.

Vor den Reden ein Wort über den **Redner Otto Braun**. Ein Volksredner der Art, die hypnotisch auf die Massen wirken, die Stürme der Begeisterung und Orkane des Beifalls hervorrufen, ohne daß am Schluß der Zuhörer zu sagen vermöchte, was eigentlich der Inhalt der Rede gewesen ist —, ein Redner dieser Art ist Otto Braun nicht. Das spezifisch „Rednerische", der Schmelz der Stimme, der Ausdruck der Gebärden, der Bilderreichtum der Sprache, all das ist ihm versagt. Jeder Versuch, pathetisch zu werden, müßte bei ihm unecht wirken.

Er selbst weiß das am besten. In seinen Reden kehrt immer wieder die betonte Verachtung des Wortemachens, des Sichberauschens an Redensarten. Wie jeder Redner hat auch Braun einige Ausdrücke, die er zu einem gewissen Übermaß anwendet. Eins dieser Braunschen Standard-Worte heißt „ganz nüchtern". Das ist in der Tat ein Motto für seine Redeweise.

Trotzdem ist dieser Mann ein Redner, mitunter sogar ein Redner von großer Wirkung. Er wirkt, so seltsam dies klingen mag, — durch Nüchternheit und Sachlichkeit. Man darf dabei eine Parallele zu Bismarck ziehen. Wie dieser Hüne durchaus nicht „reckenhaft" in dröhnendem Baß, sondern mit dünner, stammelnder Stimme sprach, so enttäuscht Braun, in dessen massiger Figur man ein entsprechendes

Organ vermutet, zunächst durch den leisen Sprechton, in dem er zu beginnen pflegt. Bald merkt man die Taktik. Er zwingt die Gegner, ruhig zu sein, damit sie überhaupt etwas verstehen. Erst ganz allmählich pflegt Braun sich zu steigern. Aber pathetisch zu werden, daran hindert ihn schon der ostpreußisch-breite Akzent seiner Aussprache, der die Diphthonge dehnt, der das ei zu ej quetscht, der das ä in a, das ü in schneidendes i abwandelt. In dieser Mundart kann man breit, jovial, witzig, aber nicht pathetisch sein. Witzig jedoch ist Braun. Eine kühle Schlagfertigkeit zeichnet ihn aus wie selten einen Redner. Meisterhaft versteht er, selbst die schärfsten Angriffe eines Gegners ironisch umzubiegen, oft so, daß schließlich noch ein Kompliment für ihn herauskommt. Ein Beispiel: In der Etatsdebatte des Jahres 1927 (327. Sitzung) hatte der deutschnationale Abgeordnete Becker geäußert: der Ministerpräsident habe in der langen Zeit, in der er amtiere, bewiesen, daß er in jeder Situation auf die Füße falle. Braun parierte diesen Hieb mit den Worten:

„Es ist für unser Land Preußen immer noch wertvoller und wichtiger, einen Ministerpräsidenten zu haben, der auf die F ü ß e fällt, als einen solchen zu besitzen, der auf d e n K o p f g e f a l l e n ist."

Das Gelächter des Hauses mag man sich vorstellen. — Ebenso geschickt zieht Braun sich bei der Haushaltsberatung des Jahres 1925 aus der Situation. Der deutschvölkische Abgeordneter G i e s e l e r hatte bemängelt, daß der Etat durch allzu hohe Pensionslasten für ehemalige Minister belastet werde. Braun weist zunächst nach (107. Sitzung vom 12. Dezember 1925), daß es sich bei den Pensionen um 12 ehemals königliche Minister und nur um 5 Minister der Republik — alles altgediente Beamte — handele. Dann aber geht er zum Gegenangriff über, wobei man beachten muß, daß vor kurzem erst fünfmal hintereinander die Regierung gestürzt worden war:

„Dem Herrn Abgeordneten Gieseler möchte ich zum Schluß noch sagen: Ich bin bestrebt und werde bestrebt bleiben — ich glaube, ich kann dies auch für meine sämtlichen Kollegen im Kabinett erklären —, den Staat so lange wie möglich vor der Pensionslast **für uns zu** bewahren. Unterstützen Sie uns darin!"

In das schallende Gelächter stimmen selbst die hartgesottenen Ministerstürzer ein.

Bei der Etatsberatung im Jahre 1931 haben die Sprecher der Rechten an Braun zu bemängeln, daß er auf einer sozialdemokratischen Kundgebung im Sportpalast geredet habe, bei der angeblich nur **rote** Fahnen gezeigt worden seien. Braun weist nach, daß das Reichsbanner Schwarz-Rot-Gold mit zahlreichen Bannern in den Reichsfarben vertreten war und beendet den Disput, indem er seiner Freude darüber Ausdruck gibt, daß „endlich auch einmal die Herren von der deutschnationalen und der deutschen Volkspartei so energisch dafür eintreten, daß **überall die schwarzrotgoldene Flagge** gezeigt wird". So ist er ein Meister darin, die Spitze eines Angriffes gegen dessen Urheber zu kehren. Ist der Angriff aber besonders plump und unpassend, so versteht Braun auch, ihn mit sarkastischer Grobheit abzutun. Der deutschnationale Abgeordnete Lukassowitz hatte bei der Etatsdebatte von 1931 den Ministerpräsidenten aufgefordert, ein Buch „Die Herrschaft der Minderwertigen" zu lesen, dessen Titel natürlich eine Verhöhnung der Demokratie darstellt. Braun erklärt, er sei in den letzten zwölf Jahren seiner Ministerschaft ohne die Lektüre dieses Buches ausgekommen. Da aber der Herr Lukassowitz in seiner Rede feierlichst versichert habe, daß die **Deutschnationale Partei** nach der Herrschaft in Preußen strebe, so könne er es verstehen, daß — **Herr Lukassowitz** sich mit solchem Eifer der Lektüre des Buches „Die Herrschaft der Minderwertigen" widme.

Ebenso derb ist auch folgende Abfuhr in der gleichen Rede: Ein Oppositionsredner hatte an Braun ausgesetzt, daß seine diesjährige Etatsrede auf einem recht tiefen geistigen Niveau gestanden habe. Brauns Antwort:

„Ja, ich habe mich auch lediglich auf die Verteidigung, auf die Widerlegung dessen, was hier gegen mich vorgebracht worden war, beschränkt. Wenn ich da nicht auf ein sehr hohes Niveau kommen konnte, so lag das an dem, was hier vorgebracht worden war."

Eine Antwort, deren Wirkung nur der voll würdigen kann, der die Überlegenheit, ja, Pomadigkeit erlebt hat, mit der sie vorgebracht wurde.

Es versteht sich, daß ein Redner, der mit seinen Gegnern so wenig glimpflich verfährt, bei diesen nicht immer beliebt ist. Bei den Reden des preußischen Ministerpräsidenten geht es denn auch oft stürmisch zu, der Schmerz der Getroffenen macht sich in reichlich unmelodischer Weise Luft, und der Präsident hat alle Hände voll zu tun, um die Ruhe inmitten der erregten Sitzung wieder herzustellen. Der Redner selbst aber verliert die Ruhe nicht. Er bleibt auch im Tumult kalt und überlegen.

In den Reden des neugebackenen Landtagsabgeordneten Otto Braun findet man die trockene Ironie und witzige Derbheit allerdings seltener als in denen des Ministers. Das liegt an der andersgearteten Situation. Die Stellung einer Zehnmannfraktion ist zu hoffnungslos, um den dauernden Ton kühler Überlegenheit zu rechtfertigen. Hier müssen Zorn und Eifer des unerbittlichen Kampfes der kleinen Minderheit gegen die kompakte Mehrheit überwiegen.

Ein halbes Jahr trennt den Zusammentritt des neugewählten Landtages vom Weltkriegsausbruch. In dieser Zeit hat der neugewählte Abgeordnete Braun schon zehnmal zu wichtigen Gegenständen das Wort ergriffen. Sein Hauptgebiet ist der Landwirtschaftsetat, der ihm Gelegenheit gibt, die elende wirtschaftliche und rechtliche Lage der Landarbeiterschaft vor den Ohren ihrer Unterdrücker zu entrollen. Aber diese Kritik beginnt mit einer Aufforderung zu positiver Arbeit, und — seltsames Omen: die ersten Worte, die der neugewählte Abgeordnete Braun in diesem Hause spricht, gelten der Förderung eines Stückes landwirtschaftlicher Aufbauarbeit, die der alte Staat sträflich vernachlässigt hat und die erst die Republik unter dem Landwirtschaftsminister Braun großzügig in Angriff nehmen sollte — sie gelten der Moor- und Ödland-Kultur. Hier Brauns Worte nach dem amtlichen Stenogramm der Sitzung vom 19. Januar 1914:

„Die Landwirtschaft erfüllt, wie gesagt, heute nicht ihre Aufgabe. Das geht auch schon daraus hervor, daß sie nicht die zur Ernährung notwendigen Produkte in der Menge erzeugt, wie dies erforderlich ist, um unser Volk zu ernähren, und daß, obwohl nach dem heutigen Stande der Wissenschaft und nach dem Umfange a l l e r z u r V e r f ü g u n g s t e h e n d e n F l ä c h e n es wohl möglich wäre, heute in Preußen und Deutschland so viele landwirtschaftliche Produkte zu erzeugen, wie die Bevölkerung zur Ernährung notwendig hat. Wir nutzen die zur Verfügung stehenden Flächen für den landwirtschaftlichen Betrieb heute nicht vollständig aus. Es ist doch für einen Staat, in dem an landwirtschaftlichen Produkten heute nicht so viel hergestellt werden kann, wie verbraucht wird, ein skandalöser Zustand, daß z. B. noch 6,4 %, wie schätzungsweise angenommen wird, des preußischen Grund und Bodens a u s M o o r - u n d Ö d l a n d besteht; ja, es wird sogar angenommen, daß in der Provinz Pommern 10,2 % der ganzen Flächen aus Moorland besteht, in Hannover sogar 14,6 %. Auf diesem Gebiet ist tatsächlich jahrelang f a s t g a r n i c h t s geschehen."

Häufig wird gesagt, daß Kritisieren leicht, Bessermachen schwer ist. Aber wer die Jungfernrede Brauns daraufhin ansieht, der kann feststellen, daß der Landwirtschaftsminister bzw. Ministerpräsident Braun sehr viel an den Dingen gebessert hat, die er damals kritisierte. Von 1919 bis 1928 sind auf 16 172 ha Moor- und Ödland 1761 Neusiedlerstellen von Preußen begründet worden. Ähnliches gilt von der Siedlung allgemein. Die landwirtschaftliche Siedlung wurde im alten Preußen fast ausschließlich zu Kampfzwecken gegen die Polen betrieben. Ungeheure Summen aus Steuermitteln verausgabte der Staat für einen minimalen Erfolg. In seiner Jungfernrede weist Braun auf die ungeheure Inkonsequenz der gesamten Polenpolitik hin:

„Meine Herren, es ist doch eine geradezu verkehrte Politik, wenn wir alljährlich Millionen aufwenden, um einzelne wenige Polen von ihrer heimatlichen Scholle wegzubringen, um sie aus Preußen zu verbannen, wenn wir aber auf der anderen Seite unsere A r b e i t s v e r h ä l t n i s s e durch dieses Vorgehen, das ich im einzelnen geschildert habe, so gestalten, daß wir gezwungen sind, alljährlich allein für die Landwirtschaft 400 000 **ausländische Arbeiter ins Land hineinzuziehen**. Diese 400 000 Arbeiter sind zu drei Vierteln nach der Statistik gerade Polen, setzen sich gerade aus der Nationalität zusammen, die Sie unter Anwendung von vielen hundert Millionen mit Stumpf und Stiel bei uns ausrotten wollen."

Dazu kommt der sachliche Mißerfolg der Ansiedlungspolitik, den Braun bei der Beratung des Etats der Ansiedlungskommission für Westpreußen und Posen am 24. März 1914 besonders scharf kritisiert. Er weist nach, daß seit 1886 bis 1913 913 Millionen Mark, mit Verwaltungskosten fast **eine Milliarde Mark** ausgegeben worden sind, mit dem einzigen Erfolg, die Grundstückspreise im Osten auf das Dreifache hinaufzutreiben. Er fährt fort:

„Man weist nun hier auf die Erfolge der Ansiedlungskommission hin, die doch eine große Anzahl neuer Dörfer, neuer Ansiedlungen geschaffen habe. Nun, für diese Riesensumme sind in diesen ganzen Jahren 21 371 Ansiedlerfamilien angesetzt worden . . . Wenn man dieses Geld in den Provinzen Posen und Westpreußen aufgewendet hätte, um — **ohne parteipolitische**, nationalpolitische Schikanen — die Landwirtschaft kulturell zu heben und in ihrer Leistungsfähigkeit zu stärken, **dann hätte allerdings für dieses Riesengeld sehr viel mehr erreicht werden können**. (Lebhafte Zustimmung bei den Soz und Polen.)"

Auch hier hat der Minister das Wort des Abgeordneten bewahrheitet. Das durch den Krieg verarmte republikanische Preußen hat in einem Jahrzehnt mit weit geringeren Mitteln eine höhere Zahl von Siedlern angesetzt als das alte Preußen in fast 30 Jahren mit dem Aufwand einer Milliarde! Dabei ist, wie wir sahen, der Mann, der diese Kritik des Wortes und der Tat übte, durchaus **kein radikaler Siedlungsfanatiker**. Bei der Beratung eines Gesetzes über innere Kolonisation erklärt er am 20. März 1914 den erstaunten Junkern, die gemäß ihrem Vorurteil unter Sozialismus ein allgemeines „Teilen" verstehen, daß die Sozialdemokratie **nicht** für die Zerschlagung der landwirtschaftlichen Großbetriebe sei, daß sie sich durchaus nicht vom Siedlungstaumel fortreißen lasse, daß sie im rationell geführten landwirtschaftlichen Großbetrieb gegenüber dem Kleinbetrieb die höhere wirtschaftliche Betriebsform sehe. Er sagt dies mit einiger Schroffheit, die auf der Rechten ein erstauntes „Hört, hört" nach dem anderen hervorruft. Aber die Folgezeit wird zeigen, daß dieser Mann doch nicht der Gefangene von Theorien, sondern der Praktiker ist, der als Landwirtschaftsminister und später als Ministerpräsident, als die innere Siedlung für das übervölkerte Nachkriegsdeutschland zur Notwendigkeit wird, erheblichen Grund und Boden für eine neue Siedlungstätigkeit schafft.

Auch politisch betrachtet er die Siedlungsfrage anders als die Bodenreformer. Für ihn ist die Ersetzung konservativer Gutsbesitzer durch mittelbäuerliche Siedler ein sehr problematischer politischer Fortschritt. Ist doch der Bauer politisch ein höchst ungewisser Faktor — die Zeiten nach 1918 haben es erwiesen. Braun will die Eroberung des flachen Landes daher auf den L a n d a r b e i t e r stützen, den seine Klassenlage viel zuverlässiger als den Kleinbauern zur Sozialdemokratie führt. Wer aber den Großgrundbesitz ausrottet, der rottet auch den Landarbeiter aus, in dem Braun die festeste Stütze sozialistischer Agrarpolitik sieht. Fast jede Rede, sei es zum Landwirtschaftsetat, sei es zur inneren Kolonisation, sei es zur Ausdehnung der Krankenversicherung auf die „Dienstboten", gibt ihm Anlaß, an einer Fülle von Material das soziale Elend dieser Bevölkerungsklasse darzustellen. Auch hier hat die Republik in vielem Wandel geschaffen. Sie hat vor allem aufgeräumt mit der völligen Rechtlosigkeit der Landarbeiterschaft. Sie hat die Landarbeiterordnung von 1854 beseitigt, die die prügelnde Herrschaft straffrei ließ und den kontraktbrüchigen Landarbeiter dem Gefängnis überantwortete. Dafür hat sie dem Landarbeiter das Koalitionsrecht und das Arbeitsrecht des industriellen Arbeiters gegeben.

Praktisch können auch die schönsten Reden im Dreiklassenhaus einstweilen nichts nützen. Die Mehrheit verlacht sie, hört nicht zu oder stört sie absichtlich durch lautes Gespräch und ostentativ betonte Nichtachtung.

Da erfährt die Szenerie eine erste Wandlung: der Weltkrieg bricht aus.

Im Weltkrieg

Die Jahre des Weltkrieges brachten dem Menschen und Vater Otto Braun die schwerste Prüfung, er verlor den einzigen Sohn, der zum Mediziner bestimmt war, sich in Ausübung der ärztlichen Tätigkeit infizierte und als Opfer seiner Berufspflicht starb. Dieser Verlust hat Otto Braun tief gebeugt, aber nicht gebrochen. Und das war gut. Denn gleichzeitig stellte die Zeit den Politiker Otto Braun vor die größten, schwersten Entscheidungen.

Überblicken wir bis dahin das Leben des nunmehr in den Vierzigern stehenden Mannes, so hat es sich über das Niveau einer respektablen Parteilaufbahn noch nicht erhoben. Einen Augenblick hat wohl der Königsberger Hochverratsprozeß die Blicke der Öffentlichkeit auf Otto Braun gelenkt, aber sonst wirkt er mehr im inneren Betriebe der Partei, weniger als ihr Vertreter nach außen. Zu den bekannten Führern der Sozialdemokratie, deren Namen in aller Munde sind, zählt er um diese Zeit noch nicht.

In der einflußlosen Zehnmannfraktion des Landtages sich bereits als Staatsmann zu erweisen, war auch kaum möglich. Für das große Publikum wirkte ein Adolf Hoffmann durch seine mit Berliner Mutterwitz gepfefferten Zwischenrufe weit populärer als Braun mit einer noch so sachlichen Kritik am Landwirtschaftsetat. Gerade die sachliche Aussichtslosigkeit der Opposition unter dem Dreiklassenwahlrecht ließ das Publikum jeder Demonstration zujubeln; bezeichnenderweise hat im Dreiklassenparlament der Vorkriegszeit kein Vorfall ähnliche Sensation hervorgerufen wie die gewaltsame Hinausweisung des sozialdemokratischen Abgeordneten

Julian Borchardt durch den konservativen Präsidenten Freiherr von Erffa (Mai 1912), obwohl Borchardt sich ziemlich erkennbar zu dieser Märtyrerrolle gedrängt hatte.

Der Krieg nahm der Opposition im Landtag nichts von ihrer ziffernmäßigen Schwäche, aber er belastete sie mit Verantwortung. Die große reale Macht der organisierten Arbeiterschaft, die hinter ihr stand, ließ sich jetzt nicht völlig übersehen. Gleichzeitig begannen sich aber auch in der Preußenfraktion die Risse abzuzeichnen, die im Verlauf des Weltkrieges die bis dahin geschlossene deutsche Sozialdemokratie in mehrere Teile zerspalten sollten. Freilich dauerte es längere Zeit, bis diese Entwicklung zur vollen Auswirkung gelangte. Aber nun galt es für einen jeden in dieser kleinen Fraktion, unter persönlichster Verantwortung sich nach außen wie nach innen zu entscheiden.

Otto Braun hat während des Krieges die einheitliche Linie gewahrt, die seiner Natur als der eines realdenkenden Politikers entsprach. Das war in der damaligen Zeit der allgemeinen Überhitzung nicht leicht. Der Krieg begann mit einem unvorstellbaren Begeisterungstaumel, der in vielen Menschen nüchternes Urteil und sachliche Erwägungen einfach hinwegspülte. Das tatsächliche Kräfteverhältnis zwischen den Mittelmächten und ihren zehnfach an Menschen und Material überlegenen Gegnern wurde gerade von den Schichten durch Wunschträume hinwegphantasiert, die sich so gerne als die Gebildeten bezeichnen. Diese Stimmung entlud sich bei den ersten Siegesmeldungen (zumal die Heeresberichterstattung Niederlagen verschwieg) in unsinnigen Vernichtungsplänen gegen die Kriegsgegner, von denen die „Haßgesänge" der damaligen Zeit nur eine schwache Vorstellung geben. Ein großer Teil des Volkes schwelgte in Rachephantasien und — nicht zuletzt — in ausschweifenden E r o b e r u n g s p l ä n e n. Man annektierte auf der Landkarte die halbe Welt.

Umgekehrt erzeugte das Erwachen aus dem Taumel, das sich mit der unerwarteten Länge des Krieges einstellte, bei einer wachsenden Zahl die entgegengesetzte Stimmung:

eine ungehemmte Sehnsucht nach Frieden. Dabei wurde der Wunsch so übermächtig, daß er die tatsächlichen Hindernisse des Friedens, vor allem die sehr weitgehenden Versklavungs- und Eroberungspläne der Gegenseite, von deren Verwirklichung sie nur durch hartnäckigsten Widerstand abzubringen war, bagatellisierte oder ebenfalls hinwegphantasierte.

Die reale, nicht gefühlsmäßige Einstellung zu den Dingen, die sich Naturen wie Otto Braun am leichtesten erschließen mußte (und die auch die Auffassung der großen Mehrheit der Sozialdemokratie war), hielt sich von beiden Extremen fern. Sie bejahte die Pflicht der Landesverteidigung als eine aus der gegnerischen Übermacht und aus den Gefahren der Niederlage für das Gesamtvolk sich ergebende Selbstverständlichkeit. Sie lehnte aber jeden Überschwang dieser Auffassung ab, insbesondere das Ziel, anderen Völkern jenen Zwang und jene Vergewaltigung zuzufügen, die man durch die Selbstverteidigung vom eigenen Volke abzuwenden trachtete. Sie proklamierte den Frieden der Verständigung auf der Basis, daß Annexionen und Kontributionen der einen wie der anderen Seite ausgeschlossen sein sollten. Aber sie wies mit der gleichen Entschiedenheit einen Friedensschluß zurück, der auf Kosten Deutschlands durch eine Vergewaltigung deutschen Gebietes und deutschen Wirtschaftslebens zustande kommen würde. Dabei war sich die Sozialdemokratie darüber klar, daß bei dem Kräftemißverhältnis zwischen Deutschland und der Entente ein günstigeres Kriegsergebnis für Deutschland als ein Remis nicht im Bereich der Möglichkeit lag. Wenn alldeutsche Kreise davon fabelten, daß der Krieg bis zur völligen Niederzwingung aller Gegner geführt werden müsse, so sagte die klare Überlegung, daß die Kräfte hierzu auf seiten der Mittelmächte gar nicht vorhanden waren. Das Kriegsende mußte daher durch Verständigung, durch Verhandlungen mit den Gegnern herbeigeführt werden, solange die Kräfte des deutschen Volkes noch ungebrochen waren, sonst würde es dafür zu spät sein.

Nichts stand der rechtzeitigen Herbeiführung eines Verständigungsfriedens auf deutscher Seite so sehr im Wege wie das unentwegte Eroberungsgeschrei der alldeutschen Annexionspolitiker. Eine geheime Denkschrift der sechs größten wirtschaftlichen Verbände sprach die Ziele der Eroberungspolitiker aus und enthüllte gleichzeitig die Kreise, die hinter ihnen standen. Diesen bot das preußische Dreiklassen-Parlament eine ganz andere Resonanz als der Reichstag, der eine Mehrheit von Verständigungspolitikern aufwies. Im Preußischen Landtag saßen dagegen die Wortführer der Eroberungspolitik in kompakten Massen beieinander, an ihrer Spitze die Syndizi der munitionsliefernden Schwerindustrie, neben ihnen die ostelbischen Junker, denen die wachsende Hungersnot zum glänzenden Geschäft ausschlug. Dazu jenes altpreußische Mandarinentum, dessen selbstzufriedener Dünkel Preußen als das einzige Land mit geordneten Zuständen ansah und felsenfest überzeugt blieb, daß die preußische Garde es notfalls mit dem ganzen „Gesindel da draußen" aufnehmen würde. In diesem Milieu konnte der konservative Graf Roon unter lärmendem Beifall seiner Standesgenossen es als sein „oberstes Kriegsziel" erklären, **die Krone und die Monarchie himmelhoch zu halten**, hier konnte der Freikonservative Führer Freiherr von Zedlitz den Satz prägen, daß „bei Friedensschluß wir keine Rücksicht zu nehmen haben auf andere Völker und Volksschichten, sondern nur zu tun haben, was unserem Vaterlande frommt", hier konnte ein typischer Vertreter der Schwerindustrie, der nationalliberale Abgeordnete Fuhrmann, erklären:

„Der Staatsmann, der ohne **Briey-Longwy**, ohne **Belgien**, ohne **Kurland**, ohne **Litauen** aus diesem Kriege zurückkehrt, würde in der Geschichte als der **Totengräber deutscher Macht** und deutscher Größe dastehen."

Es mußte daher in diesem Kreise ungeheures Aufsehen erregen, als zuerst ein Vertreter der Sozialdemokratie bei aller Betonung des Verteidigungs- und Widerstandswillens des deutschen Arbeiters mit größter Entschiedenheit von diesem Annexionswahnsinn abrückte. Dieser Sozialdemokrat

Auf dem Wannsee mit den englischen Gästen (1931)
Curtius   Henderson   Brüning   Treviranus   Mac Donald   Otto Braun

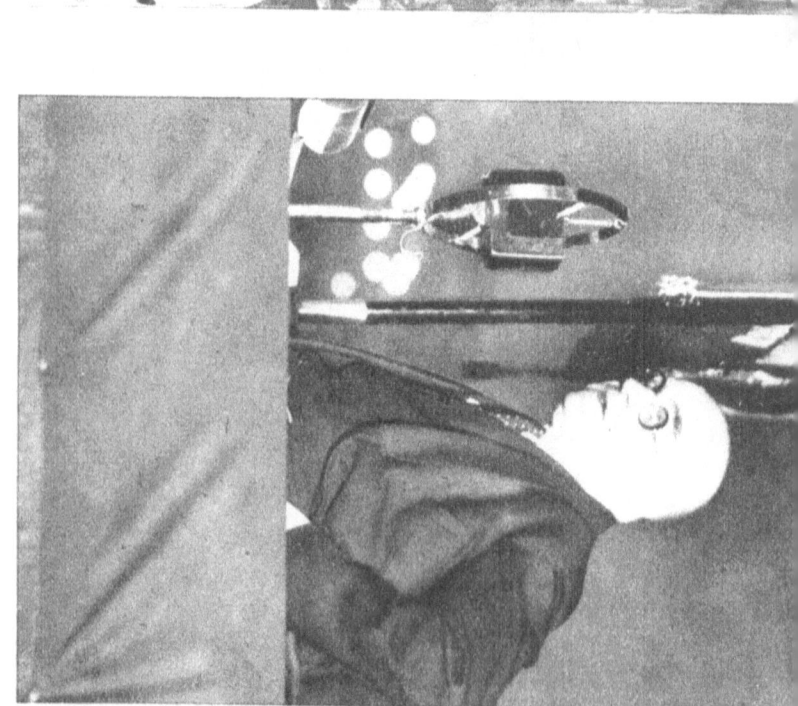

„Was soll aus Preußen werden?" Rede im Berliner Sportpalast gegen die vorzeitige Auflösung des Landtags (1931)

war der Abgeordnete Otto Braun, es geschah in der Sitzung vom 24. Juni 1915. Vielleicht wäre es schon früher geschehen, aber der Landtag hatte es sich bis dahin sehr leicht gemacht: gegen den Widerspruch der sozialdemokratischen Opposition hatte er im ersten Kriegsjahr fast gar keine Sitzungen abgehalten. Um die Zeit dieser Sitzung vom 24. Juni 1915 drängte zum erstenmal die Not, das zu tun, was man später noch sehr oft wiederholen mußte, nämlich die Sorgen der sich rapide verschlechternden Volksernährung zu beraten.

In dieser Beratung sprach der Abgeordnete Braun mit Schärfe das aus, was er noch manches Mal wiederholen sollte: daß neben dem äußeren Feind sich „ein noch viel gefährlicherer innerer Feind in Deutschland breitgemacht habe — der Lebensmittelwucher". Aber indem er diesen Feind geißelt, kommt der Redner auf das Allgemeine:

„Zu allem Kummer und Schmerz gesellt sich jetzt noch ganz unnötigerweise die wirtschaftliche Not und drückt weiteste Bevölkerungskreise nieder. Das drängt gebieterisch zu der Frage: wie lange soll das noch dauern? Wie lange soll das noch so gehen?... Ich verkenne nicht, daß das deutsche Volk zusammenstehen muß zur sieghaften Abwehr seiner zahllosen Feinde, zu denen die Ententemächte noch neue zu gewinnen sich fortgesetzt bemühen. Aber der Burgfrieden berechtigt nicht zu dem Verlangen, daß große Teile des Volkes — des Volkes, dem man in Preußen noch immer ein gerechtes Wahlrecht versagt, des Volkes, das man durch Belagerungszustand und Zensur in seiner freien Meinungsäußerung behindert, ohne Widerspruch auch noch wirtschaftliche Not leiden sollen, damit gewissenlose Profitjäger aus dieser Not des Volkes Gold münzen können. Durch einen solchen Mißbrauch des Burgfriedens wird er zur Farce, zu einer Fessel für das Volk, wird er geradezu zu einem Volksbetrug. Er kommt dann lediglich den Nutznießern des Krieges, jenen Kreisen zugute, die aus diesem größten Unglück, das je die Menschheit getroffen hat, Kapital schlagen und deswegen auch für eine Fortführung des Krieges bis zur Verwirklichung der verstiegendsten Annexions- und Eroberungspläne eintreten...

Meine Herren, demgegenüber möchte ich erklären. daß die große Mehrheit des Volkes den dringenden Wunsch hat, daß die Regierung

keine Gelegenheit, zu einem baldigen Friedensschluß zu gelangen, verabsäumen möge und unter Wahrung der Interessen des Landes auch alles tun sollte, um weitere Verschärfung der internationalen Lage zu verhindern. Ich protestiere vor allem auf das entschiedenste **gegen die Annexionsbestrebungen** aller Art, die von einem deutschen Bundesfürsten, die von politischen Parteien und von kapitalistischen Interessentengruppen **öffentlich kundgegeben** worden sind, und denen leider auch die Regierung nicht ganz abgeneigt zu sein scheint. Eine Verwirklichung dieser Bestrebungen wäre meiner Auffassung nach ein Unheil für die Zukunft des Reiches, eine schwere Schädigung der gedeihlichen wirtschaftlichen und kulturellen Entwicklung unseres Vaterlandes. Diese Eroberungspolitik, die gegen das Selbstbestimmungsrecht der Völker, das uns besonders hoch steht, verstößt und die, wie die Geschichte lehrt, den **Keim zu neuen Kriegen** in sich trägt, diese Eroberungspolitik **lehnt die Sozialdemokratie ab.** —
Das deutsche Volk will keine Eroberungen, will keine Annexionen; **das deutsche Volk will den Frieden, einen dauerhaften Frieden, also einen Frieden ohne Demütigung fremder Völker.**"

Diese klare Rede hat die Wirkung des berühmten Stocks im Ameisenhaufen. Der Vizepräsident des Staatsministeriums Dr. Delbrück, drei Redner der Rechten stehen nacheinander auf, um gegen die Schlußworte des Abgeordneten Braun feierliche Verwahrung einzulegen. Für den konservativen Redner **von der Osten** und den freikonservativen **von Zedlitz** ist der Verzicht auf Eroberungen natürlich Landesverrat. Am kreischendsten protestiert der schwerindustriell-nationalliberale Abgeordnete **Fuhrmann** — einer jener vielen Recken, die es trotz aller Kriegsbegeisterung nie zur Front zog — gegen die „schamlose Verdächtigung großer und wichtiger Bestandteile unseres Volkes, denen die Sozialdemokratie in schamloser Weise die niedrigsten Motive der Bereicherung unterschiebt." Er hatte als Syndikus der Munitionslieferanten sich durch die Anprangerung der kriegs- und annexionsbegeisterten Kriegsgewinnler besonders schmerzlich getroffen gefühlt.

Das einfachste Mittel gegen diese Rede fand indessen die **Militärzensur:** sie verbot ihre Verbreitung durch die

Presse Dabei verfuhr die Zensur so ungeschickt, daß die Erwiderungen des Ministers und der rechtsgerichteten Redner auf die Ausführungen Brauns erschienen, der Leser also darauf gestoßen wurde, daß ihm hier Dinge verheimlicht wurden.

Dieser ganze Komplex ist für die Einstellung der Militärbehörde wie der Sozialdemokratie gleich charakteristisch: wer die zitierte Rede Brauns unbefangen liest, sieht, daß sie sich mit keinem Wort gegen die Landesverteidigung, sondern nur gegen die Annexionspolitiker richtet. Das Verbot beweist, daß es den leitenden Militärkreisen nicht auf die Erhaltung der Landesverteidigung, sondern auf die positive Förderung ausschweifender Eroberungsziele ankam. Umgekehrt zeigt aber auch diese Rede, wie unwahr der Vorwurf der linksradikalen Seite ist, die Sozialdemokratie sei während des Weltkrieges annexionistisch gesinnt gewesen. Die Sozialdemokratie war, wie die Rede Brauns als Musterbeispiel zeigt, ebensowenig annexionistisch wie landesverräterisch gesinnt. Sie hat sich von beidem gleich entfernt gehalten.

Bei aller Erregung wird der Gang der Ereignisse auch durch diese Rede nicht beeinflußt. Noch ist das erste Kriegsjahr nicht vorbei. Das Morden geht weiter, und je länger es dauert, desto kühner erhebt jener „innere Feind", vor dem Braun gewarnt hat, der schamloseste **Lebensmittelwucher**, sein Haupt. Immer wieder muß Braun das Treiben jener Kreise anprangern, die sich an der Not des Volkes bereichern. Am 17. Februar 1916 ruft er aus:

„Der Herr Abgeordnete Roesicke (Bund der Landwirte) ... hat seinem Bedauern darüber Ausdruck gegeben, daß die geschlossene Front, die draußen an den Grenzen zu den großen Erfolgen unserer Truppen geführt habe, auf dem **wirtschaftlichen Kriegsschauplatz** nicht auch in dem erwünschten Maße vorhanden sei. Wie liegen die Dinge draußen an der Front? Kommt es draußen im Schützengraben vor, daß einer den anderen **übervorteilt**, daß der eine versucht, sich auf Kosten des anderen zu bereichern? — Nein, dort tritt einer für den anderen ein, opfert sich jeder für seinen Kameraden, teilt mit ihm das Letzte .. Meine Herren, auf dem wirtschaftlichen Kriegsschauplatze, insbesondere hier im Lande, wird auch nicht ein Hundertstel des Opferwillens betätigt, den unsere heldenhaften Truppen draußen tagtäglich vor dem Feinde betätigen, indem sie Leben und Gesundheit selbstlos für die Sicherheit des Vaterlandes einsetzen. Es wirkt daher geradezu **abstoßend**, wenn man angesichts der unsäglichen Opfer draußen oft hört, wie in Produzenten- und Handelskreisen **über die Opfer geklagt** wird, die diesen Berufsgruppen durch den Krieg angeblich auferlegt worden seien."

Auch diese, nun fast in jedem Kriegsjahr zwei- und dreimal wiederholte Kritik ist in den Wind gesprochen. Das Dreiklassenparlament beherbergt die kompakte Majorität der Großgrundbesitzer, die es kaum begreifen, wie ein Mensch etwas Unrechtes darin sehen kann, daß sie die Konjunktur des Krieges wirtschaftlich ausnutzen. Sitzt doch mitten unter ihnen, ihr Fleisch und Blut, jener durch seine Derbschnäuzigkeit bekannte Junker von Oldenburg-Januschau, der während der elendsten Hungerzeit des deutschen Volkes in einem vertraulichen Brief an den Innenminister von Loebell androht, er würde 300 Morgen seines Landes unbestellt lassen, wenn die Zwangswirtschaft aufrechterhalten bliebe! Klassen, die zum Untergang bestimmt sind, lernen nicht, das ist eine geschichtliche Binsenwahrheit. Das preußische Dreiklassenhaus steht in den vier Jahren des Weltkrieges als ehernes Symbol der Unbelehrbarkeit bis zum letzten Augenblick, bis zum verhallenden zwölften Glockenschlage.

Unentwegt wird nach altpreußischer Tradition fortregiert. Die hakatistische Polenpolitik bleibt auch im Kriege unverändert bestehen. Viele hunderttausend Soldaten polnischer Zunge aus den östlichen Provinzen kämpfen und bluten in den deutschen Heeren. Aus den besetzten russisch-polnischen Gebietsteilen hat man soeben ein polnisches Reich zu errichten gesucht: in Preußen aber sollen die Ausnahmegesetze gegen die Polen, soll die als Kampfmaßregel gegen das Polentum gedachte Ansiedlungspolitik weiter fortgeführt werden. Das Ansiedlungsverbot für Polen und das Enteignungsgesetz gegen polnische Grundbesitzer bleibt bestehen: gnädig verspricht die Regierung eine Erwägung ihrer Aufhebung **nach** dem Kriege. Auch hier ist es der Sozialdemokrat Braun, der warnend auf das Unsinnige und Verderbliche dieser Politik hinweist. Er spricht am 6. März 1918 bei der Beratung des Etats der Ansiedlungskommission die Worte aus: „Meine Herren, alle diese Momente, die ich nur kurz erwähnt habe, tragen dazu bei, **die Polen von Preußen abzustoßen** und, was jetzt besonders nach Errichtung des neuen selbständigen **polnischen Staates** der Fall ist, sie erhöhen die **Anziehungskraft dieses neu errichteten polnischen Staates auf die polnische Bevölkerung** Preußens ganz ungemein. Mit der ungerechten Behandlung der Polen besorgt die Regierung auch die Geschäfte jener **chauvinistischen Expansionspolitiker**, die es auch auf der polnischen Seite gibt."

Diese polnischen Chauvinisten haben dann in der Tat einem wehrlosen Deutschland zehnfach alles vergolten!

Am unbelehrbarsten und engstirnigsten zeigte sich die reaktionäre Mehrheit in der **Wahlrechtsfrage**. Die Frage der preußischen Wahlrechtsreform war in den Jahren vor Kriegsausbruch das Problem gewesen, das am nachhaltigsten die Öffentlichkeit erschüttert hatte. Das **Herrenhaus** und das preußische **Dreiklassenhaus**, jene typischen **Angstprodukte** der Gegenrevolution von 1849, mit deren Hilfe sie für alle Ewigkeit ein neues 1848 vermeiden wollte, hatten über zwei Menschenalter jedem Versuch einer Modernisierung standgehalten. Die unter dem Druck der sozialdemokratischen Massenbewegung vor dem Krieg von der Regierung unternommenen schüchternen Reformversuche waren fast ohne Ergebnis versandet, hatten mit einer kläglichen Kapitulation der königlichen Regierung vor dem reaktionären Machtwillen geendet. Hier zeigte sich die geschichtliche Wahrheit, daß eine Regierung, die sich aus Angst vor dem Fortschritt mit scheinbar unüberwindlichen Sicherungen umgibt, damit zur **Gefangenen dieser Sicherungen** wird: die reaktionären Mächte, die Preußens Krone einst zu ihrem Schutz versammelt hatte, versperrten ihr selbst den Weg, als sie in später Erkenntnis geschichtlicher Notwendigkeit einige Schritte vorwärts machen wollte.

So hat sich das Schicksal der preußischen Krone mit tragischer Notwendigkeit vollendet. Sie wurde die Geister nicht los, die sie einst zu ihrem Schutz gerufen hatte. Mit der unentrinnbaren engstirnigen Verbissenheit jedes Interessentenhaufens sagten Herrenhaus und Abgeordnetenhaus „Nein", als die Regierung das Wahlrecht reformieren wollte.

Bei Kriegsausbruch fühlten freilich die meisten, daß die Todesstunde des Dreiklassenwahlrechts nunmehr geschlagen hatte. Dieses elendeste aller Wahlsysteme den heimkehrenden Kriegern wieder anzubieten, das hätte bedeutet: den wucherischen Kriegsgewinnler als Staatsbürger hundertfach über den verarmten Feldzugteilnehmer zu stellen! Das ging selbst in Preußen nicht mehr an. Aber zunächst erklärte die Regierung, noch an einen kurzen siegreichen Feldzug glaubend, die Wahlrechtsfrage bis nach Beendigung des Krieges vertagen zu wollen. Doch der langandauernde Krieg zwang sie, von selber ihre Stellung zu ändern.

Hier zeigt sich das Verhängnis jedes Absolutismus. Die Demokratie kann, vom Vertrauen des Volkes getragen, während eines Gefahrenzustandes wie des Krieges die Gewalt v o r ü b e r g e h e n d in der Hand eines Kriegsdiktators konzentrieren, wie es Lloyd George und Clémenceau waren. Jeder Franzose, jeder Engländer wußte, daß mit Wiedereintritt normaler Zustände die Diktatur aufhören würde.

Der Absolutismus aber muß den umgekehrten Weg gehen. Er muß während des Krieges sein absolutistisches Gefüge lockern und versuchen, durch demokratische Reformen erstmalig Vertrauen zu werben. Mit anderen Worten: während die Demokratie im Kriege das Zweckmäßige tun kann, muß der Absolutismus nach inneren Gesetzen das an sich Unzweckmäßige tun. Bis zu einem gewissen Grade hatten jene Konservativen schon recht, die da warnend sagten, daß die Wahlrechtsdebatten für die Förderung der inneren Einheit nicht nützlich seien Nur muß man hinzufügen: die Unterlassung jeglicher Reform hat auf die Bevölkerung n o c h w e i t u n g ü n s t i g e r gewirkt. Der Absolutismus kann eben nur zwischen zwei Übeln wählen. Die preußische Regierung wählte tatsächlich das kleinere Übel, als sie nach langem Zögern in Preußen die Wahlreform ankündigte.

Schon in der Rede vom 24. Juni 1915 hat Braun — tastend nur in einem Zwischensatz — das Wahlrechtsproblem angeschnitten. Die Regierung bleibt damals noch taub. Hat doch der Innenminister von Loebell bei seinem Amtsantritt am 18. Mai 1914, — drei Monate vor Kriegsausbruch — sich gegen den „Verdacht" gewehrt, er könne ein Wahlrechtsminister sein. Aber die Not des Krieges zwingt die Regierung, umzulernen. Im Januar 1916 kündet eine Thronrede, freilich noch in sehr vagen Ausdrücken, an, daß eine „Umgestaltung der Grundlagen für die Volksvertretung in den gesetzgebenden Körperschaften" sich als Folgerung aus dem Kriege ergebe. Diese zarte Andeutung genügt, um die gesamte Rechte zu einem wütenden G e g e n s t o ß auf den Plan zu rufen. Die Regierung zieht sich sofort zurück, aber mit der Länge des Krieges fühlt sie infolge ihrer Untätigkeit das Vertrauen des Volkes immer mehr entschwinden.

Ein verzweifelter Versuch, dieses Vertrauen zurückzugewinnen, ist die k ö n i g l i c h e O s t e r b o t s c h a f t von 1917, die nunmehr das g e h e i m e und d i r e k t e und in einem späteren Zusatzerlaß vom 11. Juli 1917 auch das g l e i c h e Wahlrecht als Grundlage der Wahlreform ankündigt. Aber die Widerstände der Unbelehrbaren sind geblieben. So dauert es lange Zeit, bis die von der Regierung ausgearbeitete Vorlage in den Ausschuß und aus diesem in das Plenum des Landtages gelangt. Nicht weniger als vier Lesungen finden dort statt, und zwischen jeder Lesung ebenso endlose wie unwürdige Schachergeschäfte zwischen den Mehrheitsparteien, von denen jede irgendeinen Zipfel privilegierter Macht für ihre Anhänger zu retten trachtet.

Freilich, so weit sind die Konservativen inzwischen mürbe geworden, daß sie sich in den Verlust des Dreiklassenwahlrechts schicken. Sie sehen ein, daß dieses Fossil nicht mehr zu konservieren ist. Statt seiner aber taucht jetzt das Projekt eines Pluralwahlrechts mit nicht weniger als s i e b e n Zusatzstimmen auf, gleichzeitig erheben sich von allen Seiten Forderungen nach „Sicherungen" gegen eine befürchtete „Pöbelherrschaft". Das Zentrum will Sicherungen für Kirche und Religion, die Nationalliberalen wollen Sicherungen für Bildung und Besitz, die Konservativen Sicherungen für den ostelbischen Großgrundbesitz.

Immer wieder hat die Sozialdemokratie diese Pfiffe und Schliche aufzudecken. Wir zitieren den Beginn einer Rede Brauns zur zweiten Beratung des Wahlgesetzes vom 4. Mai 1918, in der — ein seltener Fall bei Braun — die Empörung über diese Schacherei ungehemmt durchbricht:

„Meine Herren! Durch den Beschluß, das gleiche Wahlrecht zu verwerfen und das elende Dreiklassenwahlsystem durch ein **noch elenderes Siebenklassenwahlsystem** zu ersetzen, das den **Lebensmittelwucherer** und **Kriegsgewinnler** vor den Kämpfern an der Front, die jetzt keine Gewinne machen können, bevorrechtet, hat die Mehrheit dieses Hauses den tapferen Helden, die draußen mit Gut und Blut für die Sicherheit unseres Vaterlandes einstehen, als Dank dieses Vaterlandes **einen Fußtritt versetzt**, der die Empörung weitester Kreise auslösen muß und auslösen wird. Nach dieser empörenden Behandlung des preußischen Volkes durch die Mehrheit dieses Hauses, das nach konservativer Ansicht zwar für das Vaterland **kämpfen** und **bluten** kann, das für den **Schlachtentod reif** ist, aber **für das gleiche Wahlrecht noch zu unreif** ist, waren meine politischen Freunde ernstlich versucht, an der weiteren Beratung dieser so verunstalteten Gesetzesvorlage nicht mehr teilzunehmen."

Wenn die Sozialdemokratie sich gleichwohl, so erklärt Braun, an der Beratung beteiligen will, geschieht dies in der Hoffnung auf die dritte Lesung. Aber weder diese noch die vierte Lesung bringen etwas anderes als absolut unzureichende Kompromisse. Gesetzeskraft haben diese Beschlüsse nie erlangt, da die Vorlage nunmehr im Herrenhaus liegenblieb. Erst der Sturm der Revolution hat zugleich mit dem Monstrum „Dreiklassenparlament" die historische Rumpelkammer „Herrenhaus" hinweggeblasen.

Außer diesem Kampf mit ihren parlamentarischen Gegnern um Verständigungsfrieden, gegen den Lebensmittelwucher und für die Wahlrechtsreform hatte die sozialdemokratische Landtagsfraktion gleichzeitig um die Kriegsprobleme einen **inneren** Kampf auszufechten, der wie bei der Reichstagsfraktion zur Spaltung führte. Nur war hier die Kräfteverteilung eine wesentlich andere. So klein die Zehn-Mann-Fraktion war, so vereinigte sie doch alle Nüancen in sich, die das Kriegsproblem in der Sozialdemokratie erzeugt hatte: die äußerste Rechte verkörperte der Gefühlsmensch K o n r a d H a e n i s c h , der spätere Unterrichtsminister, der sich vom entflammten Radikalen mit jähem Sprunge zum begeisterten Patrioten umgestellt hatte, die äußerste Linke der Revolutionär um jeden Preis K a r l L i e b k n e c h t , der die pazifistische Politik der Unabhängigen Ströbel und Adolph Hoffmann als inkonsequent und verwaschen mit kühler Ironie ablehnt. Zwischen diesen Extremen stehen als Vertreter der sozialdemokratischen Mehrheitsauffassung O t t o B r a u n und der Bergarbeiterführer O t t o H u e , während der Vorsitzende P a u l H i r s c h zwischen den Gruppen zu vermitteln sucht. Es sind fast soviel Meinungen wie Köpfe. Praktisch ist die sogenannte „Mehrheitssozialdemokratie" hier zunächst in der M i n d e r h e i t , sie zählt vier, die anderen zählen sechs Köpfe, sofern Karl Liebknecht sich den Unabhängigen anschließt. Aber meist enthält er sich der Stimme. Durch den Übertritt Paul Hirschs zur gemäßigten Gruppe entstehen dann zwei gleich starke Gruppen von je fünf Mann, zwischen denen sich nun die endgültige Spaltung vollzieht.

B r a u n s Stellung hierbei ist von Anfang an klar umrissen gewesen. Seine Rede vom Juni 1915 zeigt, daß ihm überschwängliche Kriegsbegeisterung, wie ihr der gefühlsmäßiger eingestellte Konrad Haenisch zeitweilig erlag, absolut fernlag. Sein kühler Blick für Realitäten bewahrte ihn davor, dem Annexionstaumel und dem Eroberungsfieber zu verfallen. Gegen das verderbliche Treiben der Annexionisten hat auch kein Unabhängiger schärfere Worte gefunden als er. Was ihn von den Linksradikalen aber wesentlich unterschied, war wieder das Ergebnis klarer Tatsacheneinschätzung: er erkannte im Gegensatz zu ihnen, daß die Hindernisse eines Friedensschlusses nicht nur in Deutschland lägen, daß der Verständigungsfriede, den die Sozialdemokratie erstrebte, ebenso von den Annexionisten der Gegenseite wie von denen des eigenen Landes unmöglich gemacht werde. Deswegen mußte die rein einseitige Hervorhebung des eigenen Friedenswillens ohne gleichzeitige Betonung des Widerstandswillens gegen fremde Eroberungsgelüste praktisch dem gegnerischen Annexionismus in die Hände arbeiten, auch wenn die Befürworter dieser Taktik, was sicher ist, dies keinesfalls beabsichtigten. Während viele Unabhängige in dem alldeutschen Annexionismus und seinen Eroberungszielen eine unmittelbare Gefahr für die Welt sahen, standen Braun und mit ihm die Mehrheitssozialdemokraten auf dem Standpunkt, daß bei dem tatsächlichen militärischen und wirtschaftlichen Kräfteverhältnis die Verwirklichung dieser unsinnigen Machtpläne ohnehin ausgeschlossen war. Ernsthaft gefährlich waren diese Pläne nur für Deutschland selber, weil sie die Bahn zu einem Verständigungsfrieden versperrten und den Gegnern willkommenen Vorwand zu ähnlichen Annexionsplänen gaben. Die wachsende Nähe der Niederlage mit der zunehmenden Länge des Krieges hat die Sozialdemokratie, die den Kräfteverfall der arbeitenden Schichten infolge des Hungers und der Not aus viel größerer Nähe betrachtete als die Regierung, auch frühzeitiger erkannt. Gerade diese Erkenntnis hat sie aber in ihrer Politik der Landesverteidigung bestärkt, um mit ihrer Hilfe noch zu einem Verständigungsfrieden in letzter Stunde zu kommen. Weil die Alldeutschen und Vaterlandsparteiler diesen sabotierten, wurde die Niederlage unvermeidlich. Aber es stand nun vor der Geschichte klar, daß die Nachgiebigkeit des alten Systems gegen die Annexionspolitiker, verbunden mit der ungeheuerlichsten Überspannung aller Volkskräfte, diese Niederlage herbeigeführt hat, nicht aber irgendein Verrat! Die ehemals Herrschenden haben der Sozialdemokratie diese Haltung mit der Dolchstoßlegende gedankt. Aber so sehr diese als politisches Schlagwort in gewissen Kreisen eine Rolle spielt, so sehr kann festgestellt werden, daß kein Historiker von Rang diese legendäre Ausrede übernommen hat, daß keine ernsthafte Geschichtsschreibung sich dazu herbeiläßt, mit ihrer Hilfe die Schuld der Niederlage denen abzunehmen, die während des Krieges verantwortlich die deutsche Politik leiteten.

Landwirtschaftsminister

Die Umwälzung vom 9. November 1918 stellte die Sozialdemokratie vor eine beispiellose Aufgabe. Ihr, die bisher systematisch von jeder Regierungsbeteiligung im Staate ausgeschlossen war, fiel durch den Gang der Ereignisse mit einem Schlag die gesamte Regierungsgewalt zu, jedoch in einem Augenblick, in dem das ganze Staatsgebäude am Z u s a m m e n b r e c h e n war! Von außen drängte der noch ungesättigte Vergeltungswille der Feinde, im Inneren wüteten Hungersnot und Mangel an den notwendigsten Lebensgütern. Im Reich verfügte die an die Herrschaft gekommene Arbeiterpartei immerhin über eine Reichstagsfraktion von mehr als hundert Köpfen, in der sich durch jahrzehntelange Etatskritik Spezialisten auf den Einzelgebieten herausgebildet hatten. In Preußen war die Sozialdemokratie erst seit 1908 parlamentarisch vertreten. Von der 1913 gewählten Zehnmännerfraktion bestand die Hälfte aus Neulingen. Die Rivalität zwischen Mehrheitssozialdemokraten und Unabhängigen führte überdies dazu, zunächst jedes Ministerium in Preußen doppelt zu besetzen, mit je einem Sozialdemokraten und einem Unabhängigen. Kein Wunder, daß mehr Ministerien als Parlamentarier verfügbar waren.

Otto Braun als der Sachverständige der Fraktion in Landwirtschaftsfragen zog zusammen mit dem unabhängig-sozialdemokratischen Gutsbesitzer H o f e r - Pleinlauken, einem ostpreußischen Landsmann, in das Landwirtschaftsministerium ein. Vielleicht war in keinem preußischen Ministerium, selbst nicht im Innen- und Unterrichtsministerium, der Wechsel fühlbarer und größer. Das alte preußische Landwirtschaftsministerium konnte getrost als ausführendes Organ des ostelbischen Junkertums und seiner Organisation, des Bundes der Landwirte, gelten. Nirgends waren feudaler Geist und reaktionäre Weltanschauung mit größerer Selbstverständlichkeit zu Hause als hier, wo es sich um das ureigenste Wirtschaftsgebiet der bisher herrschenden Kaste handelte. Der Sozialdemokrat, der hier einzog, stand vor einer Riesenaufgabe.

Auch in sachlicher Hinsicht. Heute, in den Jahren der Wirtschaftskrise von 1930/31, besteht eine landwirtschaftliche Krise zwar auch, aber sie hat gegen damals ein völlig verändertes Aussehen. Heute steht die Preisfrage für die landwirtschaftlichen Erzeugnisse im Vordergrund. Damals drängte die Lebensmittelnot alle anderen Fragen in den Hintergrund. Alle, die heute von der Selbstversorgung Deutschlands mit Agrarprodukten als Wirtschaftsziel schwärmen, mögen daran erinnert werden, daß wir bis zur Aufhebung der Hungerblockade, d. h. bis in das Jahr 1920 hinein, eine erzwungene Autarkie Deutschlands auf landwirtschaftlichem Gebiete gehabt haben mit der Folge: die landwirtschaftliche Produktion reichte bei höchsten Lebensmittelpreisen nicht aus, den dringenden Bedarf der Bevölkerung zu decken. Alle Sorge der Regierung mußte darauf gerichtet sein, die Produktion zu steigern und das tatsächlich Erzeugte den Händen der Wucherer und Schieber zu entreißen. Jede Wetterungunst wuchs sich zur Ernährungskatastrophe aus! Der nasse Sommer 1916 führte zum Kohlrübenwinter 1916/17. Und auch 1919 sollte durch vorzeitigen Wintereinbruch ein schlechtes Jahr werden.

Die gemeinschaftliche Regierung zwischen Sozialdemokraten und Unabhängigen dauerte in Preußen etwas länger als im Reich, aber auch sie zerbrach infolge des Spartakusaufruhrs im Januar 1919. Die unabhängigen Minister schieden aus den Ministerien aus, auch im Landwirtschaftsministerium schaltete Otto Braun nun allein.

Die Wahlen zur Verfassunggebenden Preußischen Landesversammlung ergaben — ebenso wie die zur Nationalversammlung — eine bürgerliche Mehrheit. In Preußen wie im Reich bildete sich die später als „Weimarer" Koalition bezeichnete Regierungsmehrheit von Sozialdemokraten, Zentrum und Demokraten. Die preußische Sozialdemokratie behielt im Kabinett eine starke Stellung, sie erhielt 5 von 8 Ministern. Neben dem sozialdemokratischen Ministerpräsidenten H i r s c h , dem Innenminister H e i n e , dem Finanzminister S ü d e k u m und dem Unterrichtsminister Haenisch blieb B r a u n Minister für Landwirtschaft.

Sein Hauptaugenmerk richtete der neue Landwirtschaftsminister neben der brennenden Ernährungsfrage auf die Durchführung der Agrarreform. Wir haben gesehen, daß Braun vor dem Kriege keineswegs als Anhänger des radikalen bodenreformerischen Siedlungsgedankens gelten konnte, namentlich soweit dieser sich nicht auf die Besiedlung von Moor und Ödland, sondern auf die Zerschlagung des Großgrundbesitzes richtete. Vielleicht liegt hier die Wurzel gewisser Versäumnisse, vielleicht hätte ein mehr bodenreformerisch eingestellter Landwirtschaftsminister mit größerem Elan als Braun auf Enteignungsmöglichkeiten zugunsten der Siedlung hingewirkt. Die theoretische Uneinigkeit der Sozialdemokratie in der Frage „landwirtschaftlicher Groß- oder Kleinbetrieb?" ist erst viele Jahre später durch ihr Agrarprogramm überwunden worden. Damals hat sie sich ungünstig ausgewirkt, indem sie in dieser wichtigen Frage eine gewisse Passivität, mindestens einen Mangel an Aktivität erzeugte.

Immerhin hatten sich durch den Krieg die Verhältnisse sehr geändert, und Otto Braun war nach seiner Veranlagung nicht der Mann, die Dinge unter rein theoretischem Gesichtspunkt zu sehen. Eine kräftige Siedlungspolitik war zum Gebot der Stunde geworden. Einmal galt es für die aus den abgetretenen Landesteilen vertriebenen deutschen Ansiedler Siedlungsgebiet zu schaffen, dann die Menschenleere der national gefährdeten Ostgebiete aufzufüllen und schließlich auch Mittel und Wege zu finden, um die einheimische Lebensmittelerzeugung zu erhöhen, da eine stärkere Lebensmitteleinfuhr zunächst infolge der Hungerblockade und nach ihrem Aufhören durch die Valutaschwierigkeiten der Inflationszeit jahrelang nicht möglich war.

Aber was zur Siedlung trieb, hemmte gleichzeitig ihre Durchführung. Solange die Rationierung der Lebensmittel bestand, erschien vielen Wirtschaftspolitikern der Großgrundbesitz für die Ernährung der großen Städte und dicht bevölkerten Industriegebiete unentbehrlich. Nicht nur, daß sich auf den großen Gütern die Erfassung der Ernte leichter bewerkstelligen ließ, als bei einem zersplitterten Kleinbesitz. Sie

fürchteten auch, daß bei einer allzu raschen Aufteilung der
großen Güter ein Zwischenzeitraum entstehen mußte, in dem
der zerschlagene Großgrundbesitz n i c h t m e h r , der neue
Kleinbesitz n o c h n i c h t wirtschaftlich funktionierte. Dieser
Zwischenzustand, in Zeiten freier Nahrungsmittelzufuhr un-
bedenklich, mußte nach Ansicht dieser Wirtschaftspolitiker in
den Jahren der äußersten Knappheit zur Katastrophe führen.

Man konnte diese Auffassung bestreiten. Ein radikaler Bodenreformer konnte einwenden, daß man aus solchen Gründen
vielleicht von einer sofortigen Aufteilung des Großgrundbesitzes, aber nicht von seiner Enteignung Abstand nehmen
müsse. Aber der Streit wäre gegenstandslos geworden. Denn
sehr bald wurde Preußen vom Reich die Hände gebunden.
Das Reich schrieb durch die Verordnung zur Beschaffung von
landwirtschaftlichem Siedlungsland vom 29. Januar 1919 den
Ländern die Grenzen der Siedlungstätigkeit vor. Nach dem
geistigen Urheber dieser Verordnung, dem bekannten Professor Sering, sollte durch ihre Vorschriften n a c h u n d n a c h
e i n D r i t t e l der landwirtschaftlichen Fläche der Güter über
100 ha der inneren Kolonisation erschlossen werden. Sering
berechnete, daß auf dem von ihm bezeichneten Wege insgesamt 2 Millionen Hektar in 200 000 bis 300 000 Familien-
betriebe umgewandelt werden könnten. Das war nicht allzuviel. Mit dieser Reform wäre kaum erst der Besitzstand aus
der Zeit vor den Freiheitskriegen wiederhergestellt worden.
Bekanntlich hat erst die preußische „Bauernbefreiung" von
1807/1810 infolge einer infam willkürlichen Auslegung gegen
die Klein- und Mittelbauern in der Folgezeit zur massen-
weisen Einziehung bäuerlicher Stellen und zum Anschwellen
des Großgrundbesitzes zu seiner jetzigen Größe geführt.

Von der Aufgabe, die Sering dem Reiche stellte, entfielen
etwa neun Zehntel auf Preußen. Der neue Landwirtschaftsminister beeilte sich, die praktische Durchführung dieses Programms in die Hand zu nehmen. Am 25. März 1919 über-
reichte er dem Landtag eine „D e n k s c h r i f t ü b e r d i e
s c h l e u n i g e I n a n g r i f f n a h m e d e r B e s i e d l u n g
u n d Ö d l a n d k u l t u r i n P r e u ß e n". Diese Denkschrift

stellt fest, daß unter dem alten System die Gesamt-Siedlungsleistung des letzten Menschenalters nur 40 000 Siedlerstellen auf einer Fläche von 500 000 ha geschaffen hat. Wollte man in diesem Tempo zu siedeln fortfahren, so würde die Durchführung des Seringschen Programms erst **in Jahrhunderten** erreicht sein. Der Minister stellte deshalb ein völlig neues Programm auf.

Diese Denkschrift ist der Grundstein des neuen preußischen Siedlungswerks geworden. Zwar hat in den ersten Jahren durch die besondere Ungunst der Verhältnisse, durch die Inflation usw. die Siedlungstätigkeit gelitten, zwar haben in den Jahren nach der Stabilisierung Kreditmangel, staatliche Finanznot und Landwirtschaftskrise immer wieder hemmend auf die Siedlung eingewirkt — dennoch ist in einem Jahrzehnt schon ein großer Teil des Seringschen Programms von Preußen verwirklicht worden.

Bis zum Jahre 1928 hatten die Landlieferungsverbände etwa 25 % des durch Reichssiedlungsgesetz vorgeschriebenen Landlieferungssolls für Preußen erfüllt (rd. 357 000 ha von rd. 1 400 000 ha insgesamt). Die Zahl der neuausgelegten Siedlerstellen steigerte sich nach einem anfänglichen Jahresdurchschnitt von 2000 auf 3 5 0 0 i. J. 1928, 4 8 0 0 i. J. 1929, 7 5 0 0 i. J. 1930. Hinzu kommen die erheblichen Erfolge der Anliegersiedlung. Auch die jährlichen Nachweisungen über den Fortgang der Moorkultur und der Landgewinnung zeigen erfreuliche Fortschritte, die ihren letzten Ursprung in der Anregung des ersten republikanischen Landwirtschaftsministers haben. Wie sehr es ihm um die Hebung der landwirtschaftlichen Produktion zu tun war, das zeigen die Worte, die er in der 105. Sitzung der Preußischen Landesversammlung am 7. Januar 1920 gesprochen hat:

„Ich stelle in den Vordergrund, daß wir mit aller Kraft daran denken müssen, die **landwirtschaftliche Erzeugung im eigenen Lande zu heben**... Ich glaube, nach meiner ganzen politischen Vergangenheit kann ich nicht in den Verdacht kommen, daß ich die Verbraucherinteressen irgendwie beiseite stelle und nicht genügend beachte. Wenn ich jetzt gleichwohl die Notwendigkeit in den Vordergrund schiebe, alle Mittel und Kräfte einzustellen, um die landwirtschaftliche Erzeugung zu heben, koste es, was es wolle, dann tue ich das auch im wohlverstandenen Interesse der Verbraucher."

Diese Worte zeigen, daß den Minister der Vorwurf der Produktionsfeindlichkeit, der so oft gegen die Sozialdemokratie erhoben wird, nicht trifft. Trotzdem aber hat er sich in der kurzen Spanne seiner Tätigkeit als Landwirtschaftsminister den **unauslöschlichen Haß** des ostelbischen Großgrundbesitzertums zugezogen durch seine Haltung in jener agrarpolitischen Frage, die ihn nach seiner Vergangenheit am innigsten berührte: in der **Landarbeiterfrage**.

Für die Landarbeiterschaft bedeutete die Revolution die völlige Umwälzung ihrer rechtlichen Lage. Sie zerstörte jenes Gesetz von 1854, das die Landarbeiterschaft der wichtigsten Rechte des freien Arbeiters, des Koalitions- und Streikrechtes, beraubt hatte. Die mit ein paar hundert Adressen seinerzeit von Otto Braun mitbegründete Organisation des Deutschen Landarbeiterverbandes schwoll nach der Revolution lawinenartig an. Aus 30 000 Mitgliedern wurden in einem Jahr 600 000 bis 700 000. Diese Organisation forderte jetzt den Abschluß von Tarifverträgen, sie zwang die selbstherrlichen und stolzen Großgrundbesitzer, sich mit dem „roten" Verbandsfunktionär an einen Tisch zu setzen. Den Herren vom Landbund blieb nichts weiter übrig, als sich der Macht der Tatsachen zu beugen, aber vielfach, namentlich in ihrer pommerschen Domäne, versuchten sie mit allerhand pfiffigen Winkelzügen die Arbeiter hintenherum zu prellen. Hierzu diente auch die Gründung einer gelben Konkurrenzorganisation gegen die Gewerkschaft, der Landarbeiterabteilung im Landbunde.

Die Landarbeiter aber waren damals zum Selbstbewußtsein erwacht und nicht gesonnen, mit sich spaßen zu lassen. In einigen Landkreisen, namentlich im vorpommerschen Kreise Franzburg, wo unter dem Einfluß scharfmacherischer Heißsporne die Grundbesitzer alle amtlichen Schlichtungsversuche sabotierten, brachen Streiks aus. Nur wenige tausend streikten — aber Landarbeiterstreiks, das war in der preußischen Geschichte noch nicht dagewesen!

Neueste Aufnahme (zum 60. Geburtstag am 28. 1. 1932)

Bildnisbüste von Professor Hermann Brachert

Sofort setzte eine maßlose Agitation der Rechten gegen die streikenden Landarbeiter ein, die sehr geschickt auf die H u n g e r p s y c h o s e dieser Zeit abgestimmt war: die streikenden Landarbeiter gefährdeten die Ernte! Dieselben Herren, die ohne jede Entrüstung das Verhalten ihres Standeskollegen von Oldenburg-Januschau miterlebt hatten, der mitten im Kriege dem Innenminister gedroht hatte, bei Aufrechterhaltung der Zwangswirtschaft einige hundert Morgen Land nicht zu bestellen — sie taten jetzt maßlos entrüstet, weil irgendwo in Pommern während eines zehntägigen Streiks einige hundert Morgen Rübenland stark verunkrautet waren.

Durch parlamentarische Interpellationen wurde die entsprechende Resonnanz geschaffen. Folgt man den damaligen Reden der Deutschnationalen im Preußischen Landtag, so hätte es sich bei diesen Landarbeiterstreiks um das finstere Werk bolschewistischer Emissäre gehandelt, um Deutschland in einem Hungerchaos untergehen zu lassen. Diese Reden stellen es so dar, als seien die Streiks frivol, ohne jeden sachlichen Anlaß angezettelt worden. Dabei wurden Umfang der Streiks und Zahl der Streikenden gewaltig aufgebauscht, die vergeblichen Schlichtungsversuche der Behörden verschwiegen.

In früheren Zeiten hätte auf diese Interpellationsreden ein preußischer Landwirtschaftsminister erwidert, daß die Staatsregierung bereits alles veranlaßt habe, um die aufsässigen Landarbeiter zur Raison zu bringen. Aber jetzt steht ein Landwirtschaftsminister an der Ministerbank, der trotz des tobenden Lärms der in ihren heiligsten Interessen verletzten Rechten nicht den Stab über die Landarbeiter bricht, sondern in Ruhe die Dinge auf ihren wirklichen Anlaß zurückführt. Er stellt fest, daß die Arbeitgebergruppe um die Herren v o n K l e i s t , v o n H e r t z b e r g - L o t t i n usw. in Vorpommern n i c h t verhandlungsbereit gewesen ist, sondern sich sogar öffentlich rühmt, die Forderungen des Landarbeiterverbandes n i e m a l s a n e r k a n n t zu haben. Er stellt fest, daß diese Herren eine Vermittlungsaktion des zuständigen Landrates sabotiert und dann schließlich das Stettiner Generalkommando alarmiert und die Entsendung von Militär in die Streikgebiete veranlaßt haben. Mit dieser Entsendung von M i l i t ä r gegen Arbeiter, die nur ihr wirtschaftliches Recht fordern, ist der Landwirtschaftsminister g a n z u n d g a r n i c h t e i n v e r s t a n d e n. Er erklärt schließlich unter dem stürmischen Beifall der Linken und der großen Unruhe der Rechten zu dem Vorwurf mangelnder Sachkenntnis:

„Ich bin überzeugt, ich würde auch für die Herren in den agrarkonservativen Kreisen der sachkundigste Minister sein, wenn ich mich z u m V o r s p a n n i h r e r g e w i n n - u n d h e r r s c h s ü c h t i g e n I n t e r e s s e n p o l i t i k machen ließe. Daß ich das ablehnte, daß ich insbesondere aber wagte, f ü r d i e n a c h M i l l i o n e n z ä h l e n d e n L a n d a r b e i t e r u n d K l e i n b a u e r n einzutreten, die man früher gewohnt war, an die Wand zu drücken, — damit habe ich mir den g i f t i g e n H a ß dieser Herren zugezogen. — Ich lege kein Gewicht darauf, Ihre (nach rechts) Zufriedenheit zu erringen, wenn ich das wollte, wäre ich hier nicht mehr möglich."

Von der Wut, die solche Reden des Landwirtschaftsministers Braun auf der Rechten auslösten, macht man sich heute kaum einen Begriff. Braun ist bei der Rechten der bestgehaßte Mann. Sie hat gegen ihn das Schlagwort geprägt: „Braun, Minister gegen Landwirtschaft und für Landarbeiter".

Nun, Braun brauchte sich dieses Titels nicht zu schämen. Wenn er auch kein Minister gegen Landwirtschaft war, so unterschied er sich doch wesentlich von seinen Vorgängern dadurch, daß er unter Landwirtschaft nicht nur die Großgrundbesitzer und Großbauern, sondern auch die Landarbeiter und Kleinbauern verstand. Er hat der Berufsklasse, für die er als Abgeordneter gearbeitet hatte, auch als Minister die volle Treue gehalten. Er hat es auch getan, als im Winter von 1919 auf 1920 die pommerschen Großgrundbesitzer versuchten, den Spieß umzudrehen und durch m a s s e n w e i s e K ü n d i g u n g von organisierten Landarbeitern den Landarbeiterverband zu zerschlagen. Auf Grund des damals geltenden Belagerungszustandes hat Braun diese Aussperrung verhindert und dieses Vorgehen in der Sitzung vom 4. Februar 1920 folgendermaßen verteidigt:

„Die Regierung wird und darf **nicht dulden**, daß den Landarbeitern durch brutalen wirtschaftlichen Druck das **Koalitionsrecht verkümmert** wird, daß sie an der freien Ausübung dieses Rechtes gehindert werden. Es wird dafür gesorgt werden, daß in Pommern **alle Kündigungen**, für die eine sachliche Berechtigung vor der unparteiischen landwirtschaftlichen Spruchkammer des Schlichtungsausschusses nicht nachgewiesen ist, **aufgehoben werden und nicht zur Ausführung kommen**. Auch die pommerschen Herren von Dewitz, von Hertzberg und Genossen werden einsehen müssen, daß eine **neue Zeit** angebrochen ist."

Aber wenige Wochen, nachdem der Landwirtschaftsminister dem aufsässigen Großgrundbesitz so energisch entgegengetreten ist, tritt das Ereignis ein, das ihn in seinen Folgewirkungen an die Spitze der preußischen Regierung stellen soll: am 13. März 1920 zieht die Brigade Ehrhardt in Berlin ein, der Generallandschaftsdirektor Kapp und der General von Lüttwitz versuchen den Staatsstreich.

Während der Reichspräsident und die Reichsregierung sich vor dieser Überrumpelung zurückziehen, um von Stuttgart aus den Widerstand zu organisieren, verbleiben die preußischen Minister in Berlin. Nur eine Ausnahme wird gemacht: auf den dringenden Wunsch seiner Kollegen muß sich der Landwirtschaftsminister Braun entschließen, mit der Reichsregierung Berlin zu verlassen. Nicht, daß dies sein Wunsch gewesen wäre. Aber die Ministerkollegen sind der einmütigen Ansicht, daß bei dem ungeheuren Haß, der in den konservativen Kreisen gegen den „Minister für Landarbeiter" herrscht, sein Leben unmittelbar gefährdet sei. So ist dieser Ausmarsch letzten Endes ein Ehrenzeugnis für die Amtsführung des Landwirtschaftsministers Braun.

Er reist ohne Überstürzung und Panik ab. Als er endlich — es ist 6 Uhr früh geworden — reisefertig das Ministerium verlassen will, poltern schon die Landsknechte Ehrhardts die Stiege hinauf: „Wo ist das Zimmer des Ministers Braun?" — Höflich zeigt Braun den Fragenden den Weg zu seinen Gemächern — und schreitet an ihnen vorbei zum Ausgang.

Ministerpräsident und Interregnum

Der Spuk des Kapp-Putsches verflog nach wenigen Tagen. Aber der Abzug der Ehrhardt-Brigade aus Berlin stellte nicht den alten Zustand wieder her: im Reich wie in Preußen trat eine Umbildung der Regierung ein. Wenn auch keinen preußischen Minister ein direktes Verschulden an dem Ausbruch des Kapp-Putsches traf, so wurde doch dem Kabinett Hirsch mit Recht zum Vorwurf gemacht, daß einzelne seiner Mitglieder in der Bekämpfung der Reaktion nicht die nötige Energie an den Tag gelegt hätten. Die republikanische Öffentlichkeit verlangte nach Männern von besonderer Tatkraft und Entschlossenheit, die in dieser außergewöhnlichen Situation das Schiff der Republik durch die mannigfachen Klippen steuern sollten.

Die Folge ist das Hervortreten zweier Persönlichkeiten in der preußischen Politik, die das auf sie gesetzte Vertrauen der republikanischen Bevölkerung in der Folgezeit voll rechtfertigen sollten: nach der Zerschlagung des Kapp-Putsches treten an die Spitze Preußens der **Ministerpräsident Otto Braun** und der **Innenminister Karl Severing**.

Dieses Ereignis ist für die Entwicklung Preußens entscheidend. Bis dahin waren die Dinge im Reich und in Preußen fast parallel gelaufen. Der Dualismus der deutschen Reichsverfassung zeigte sich in den Jahren 1919 bis März 1920 kaum, denn Preußen konnte politisch als ein kleineres Reichsabbild angesehen werden. Mit den Tagen des Kapp-Putsches aber begann sich die politische Entwicklung Preußens von der des Reiches immer deutlicher zu trennen. Während im Reich das Schwergewicht der Regierung sich von der Linken auf die Mitte verschob und dann in steigendem Maße die **Rechte** regierungsbeteiligt werden sollte, erhielt sich in Preußen durch mehr als ein Jahzehnt fast unverrückt die republikanisch-demokratische Linksregierung.

Der heute so geläufige Begriff des „republikanischen Preußens" datiert erst seit 1920 und hängt untrennbar zusammen mit der Ministerpräsidentschaft Otto Brauns. Sie wird zum ruhenden Pol in der Erscheinungen Flucht, während die Innenministerschaft Severings von einer mehrjährigen Pause unterbrochen wurde.

Seine Berufung zum Ministerpräsidenten verdankte Otto Braun wesentlich der Energie, die er als Landwirtschaftsminister gegenüber der Rechten an den Tag gelegt hatte. Dieses Amt war ihm so ans Herz gewachsen, daß er es bei der Übernahme des Ministerpräsidiums zunächst nicht aufgab, sondern beide Ämter in Personalunion verwaltete. Seine Antrittsrede, mit der er das neue Kabinett dem Landtag vorstellte, war scharf und schneidig, eine Kriegserklärung an die Putschisten und die mit ihnen sympathisierende Rechte:

„Wir stehen — heißt es darin — nun wieder vor einem Trümmerhaufen. Das Volk, das sich in seiner erdrückenden Mehrheit zum Schutze der Republik erhob, heischt gründliches Aufräumen, und das mit Recht. Mit **unerbittlicher Strenge** muß eingeschritten werden gegen die, die das neue Unglück über unser Volk und Land gebracht haben. Verständnisvolle Milde kann nur gegen die Verführten walten, die zu dem Staatsstreich mißbraucht wurden. Beamte, die sich bewußt in den Dienst des hochverräterischen Unternehmens gestellt, es gefördert und unterstützt haben, werden unnachsichtig ausgemerzt."

Wer beim Lesen dieser Worte bemerkt, daß manches von diesen Androhungen, namentlich die Bestrafung der Schuldigen, nicht ausgeführt worden ist, möge beachten, daß der preußische Ministerpräsident natürlich nur für Preußen — nicht für das Reich — seine Erklärung abgeben konnte. In Preußen ist nach seinen Worten gehandelt worden.

Ein Umstand, der im Augenblick geringfügig erscheinen mag, trägt dazu bei, daß der preußische Ministerpräsident im Gegensatz zur Reichsregierung zunächst sein Säuberungswerk durchführen kann: im Reich finden Neuwahlen statt, die Nationalversammlung wird aufgelöst — diesen Erfolg hat der Kapp-Putsch immerhin erzielt. Bei der kommenden Wahl verliert die Weimarer Koalition im Reich die Mehrheit. Den Mandatserfolg hat zwar nur zum geringen Teil die Rechte, zum überwiegenden Teil die Unabhängige Sozialdemokratische Partei, die fast gleich stark neben die Mehrheitssozialdemokratie tritt. Jedoch belastet mit einem starken kommunistischen Flügel verfällt die USP. einem unfruchtbaren Radikalismus. Sie lehnt jede Regierungsbeteiligung ab und wendet durch diese starre Abstinenzpolitik automatisch den Kurs des Reiches nach rechts: es kommt zu einer rein bürgerlichen Regierung.

In Preußen bleibt die Verfassunggebende Landesversammlung nach dem Kapp-Putsch fast noch ein Jahr beisammen. Als am 20. Februar 1921 die Wahlen zum ersten ordentlichen Preußischen Landtag stattfinden, hat sich die politische Konstellation gewandelt: der Hallesche Parteitag hat die Trennung der Kommunisten von den Unabhängigen gebracht. Beide Parteien ziehen in etwa gleicher, aber mäßiger Stärke, jede etwa 30 Mann stark, in den Landtag ein. Dagegen gelingt es der Sozialdemokratie, einen Teil der 1920 erlittenen Verluste wieder aufzuholen. Sie zählt jetzt 114 Mandate (gegen 145 in der Landesversammlung). Mit 84 Zentrumsanhängern und 26 Demokraten ist eine — wenn auch knappe — Mehrheit der Weimarer Koalition im neuen Landtag vorhanden, zumal die 28 Unabhängigen, wie anzunehmen, einer Linksregierung keine übermäßigen Schwierigkeiten machen werden.

Dennoch scheint es, als solle in Preußen wie im Reich das Steuer nach rechts drehen. Im Reiche ist es infolge des Wahlausfalls von 1920 zum rein bürgerlichen Kabinett F e h r e n - b a c h gekommen. Das Schlagwort von der notwendigen „Homogenität" zwischen Reichsregierung und Preußenregierung taucht auf und wird noch auf Jahre hinaus eine große Rolle in der preußischen Politik spielen: die jeweils interessierten Parteien verlangen, daß im Reich und in Preußen die Regierungen in ihrer politischen Zusammensetzung genau übereinstimmen sollen. Braun hat als einer der ersten die Gefährlichkeit dieser Forderung erkannt. Bedeutete ihre Durchführung doch, daß Preußen unweigerlich in alle Wirrnisse der Reichspolitik hineingerissen worden wäre. Heute dürfte auch mancher Mittelpolitiker, der damals die Homogenität forderte, sich dazu beglückwünschen, daß er mit dieser Forderung nicht durchgedrungen ist.

Damals freilich bestand noch nicht die langjährige Erfahrung der Braunschen Ministerpräsidentschaft. Nach dem Wahlausfall vom Februar 1921 drängte das Zentrum auf Erweiterung der Regierungsbasis durch Einbeziehung der Deutschen Volkspartei in die Regierung. Den Hinweis auf die vorhandene Majorität der Weimarer Koalition lehnte die Zentrumspartei damit ab, daß diese Majorität zu gering sei — später sollte die Weimarer Koalition trotzdem mit noch viel knapperen Majoritäten regieren.

Für die Sozialdemokratie andererseits bedeutete zweieinhalb Jahre nach der Revolution die Forderung eines Zusammenregierens mit der Deutschen Volkspartei eine viel schwerere Belastung als heute. Beide Parteien sind inzwischen durch die treibhausartige Entwicklung der radikalen Flügelparteien nach der Mitte zu gedrängt worden. Damals standen sie sich — selber fast Flügelparteien — in schroffstem Gegensatz gegenüber, wobei namentlich das Bekenntnis der Volkspartei zur Monarchie von schärfster trennender Bedeutung war.

Die Sozialdemokratie lehnte infolgedessen die Große Koalition für Preußen ab. Die Folge war wie im Reich das Zustandekommen einer **rein bürgerlichen** Regierung. Während aber im Reiche das Kabinett Fehrenbach den Beginn einer neuen Periode bedeutete, in der die Sozialdemokratie fast immer außerhalb der Regierung, oder nur von schwachem Einfluß innerhalb der Regierung sein sollte, blieb das Preußenkabinett Stegerwald-Dominikus eine kurze geschichtliche Episode.

Der Ministerpräsident Stegerwald wurde im April 1921 mit den Stimmen der Mitte und der Rechten gewählt. Diese Wahl war für das Schicksal des Kabinetts entscheidend. Da die Mitte (Zentrum und Demokraten) allein über wenig mehr als 100 Parlamentssitze verfügte, war dies Kabinett dauernd von der Unterstützung der Rechtsparteien abhängig.

Im Juni 1921 wird der Haushalt beraten, den das Kabinett Stegerwald vorlegt. Als erster spricht zu ihm als offizieller Leiter der Opposition — der Vorgänger Stegerwalds, Otto Braun. Es ist die Rede eines Oppositionsführers, der weiß, daß er morgen wieder an der Macht sein kann und wird. Er weiß auch, daß er alsdann wieder mit jenen Mittelparteien wird zusammengehen müssen, die jetzt das Fundament des Kabinetts Stegerwald bilden. Die Rede ist daher maßvoll und wird nur scharf an der Stelle, wo sie die Abhängigkeit des Kabinetts von der Rechten kennzeichnet:
„Die Regierung wird wohl oder übel dazu Stellung nehmen müssen, ob sie sich weiter zumuten will, nur zusammengesetzt aus einer kleinen Minderheit dieses Hauses und **nur lebensfähig durch die Krücken der beiden Rechtsparteien** an die Lösung der gewaltigen Aufgabe zu gehen, die ihr die Zeit stellt."
Tatsächlich sind die Tage des Kabinetts Stegerwald, wenige Monate nach seinem Amtsantritt, bereits gezählt. Im Reich regiert seit Mai unter dem Ministerpräsidenten **Wirth** ein Kabinett der Großen Koalition. Unter dem Zwange der außenpolitischen Verhältnisse hat die sozialdemokratische Reichstagsfraktion ihren Widerstand gegen ein Zusammenregieren mit der Deutschen Volkspartei ebenso aufgegeben, wie diese von Haus aus nationalistische Partei ihren Widerstand gegen die Verständigungspolitik Schritt für Schritt abgebaut bis zu dem Tage, wo ihr Führer **Gustav Stresemann zum Vorkämpfer** dieser Verständigungspolitik von internationaler Größe werden wird.
Im Herbst 1921 wird der Beschluß des Kasseler Parteitages der Sozialdemokratie von 1920, der einer Koalition mit der Deutschen Volkspartei im Wege stand, vom Görlitzer Parteitag aufgehoben. Damit ist auch in Preußen der Weg zur Bildung der Großen Koalition geöffnet. Nach längeren Verhandlungen tritt am 1. November 1921 das Kabinett Stegerwald zurück.
Bei den Verhandlungen zwischen den neuen Koalitionsparteien waren der Sozialdemokratie 3 Sitze im Kabinett eingeräumt worden: Das Ministerpräsidium, das Innere und der Handel. Das Landwirtschaftsministerium dagegen fiel

jetzt den Demokraten zu Otto Braun sollte künftig das Ministerpräsidium ohne Belastung durch ein besonderes Ressortamt führen.

Derjenige, dem diese Regelung am meisten mißbehagte, war Otto Braun selbst. Der Gedanke, das früher von ihm verwaltete Landwirtschaftsministerium endgültig abgeben zu müssen, schmerzte ihn tief. Im Ministerpräsidium allein glaubte er einen Ersatz für seine bisherige fachliche Tätigkeit nicht zu finden. Vielmehr stellten sich die Dinge für ihn zunächst so dar, daß man ihn von der fruchtbaren Tätigkeit eines landwirtschaftlichen Ressortministers fernhalte, um ihn — sein eigener Ausdruck — „auf einen rein dekorativen Posten abzuschieben". Es kostete ihn große Selbstüberwindung, der nach wochenlangen Verhandlungen zustande gekommenen Regierungsbildung seine Zustimmung zu geben.

Wie groß das Mißtrauen war, das ihn auf der Rechten empfing, zeigen die Ziffern seiner Wahl. Bei der Wahl des Ministerpräsidenten, die am 5. November 1921 stattfand, entfielen auf Braun nur 197 Stimmen, obwohl die Große Koalition damals 282 Sitze im Landtag zählte. Ein großer Teil der volksparteilichen Fraktion hatte w e i ß e S t i m m - z e t t e l abgegeben.

Keine Dekoration!

Der preußische Ministerpräsident ist seiner verfassungsrechtlichen Stellung nach nicht Vorgesetzter seiner Ministerkollegen, er ist primus inter pares — Erster unter Gleichgestellten. Hieran dachte vielleicht Otto Braun, als er das Amt des Ministerpräsidenten allein als ein „rein dekoratives", nicht übernehmen wollte.

Indessen sind die Befugnisse des preußischen Ministerpräsidenten, wenn ihm auch ein Verwaltungszweig nicht untersteht, keineswegs unerheblich. Der Ministerpräsident ernennt nach Art. 45 der Preußischen Verfassung die übrigen Minister, er allein wird vom Landtag gewählt. Diese Bestimmung erwies sich in der Folgezeit oftmals von eminentester Bedeutung. Konnte doch beim Ausscheiden einzelner Minister der Ministerpräsident dank seiner Befugnis sehr rasch und unter Vermeidung schwieriger Konfliktsperioden sein Kabinett ergänzen. Um einen einmal von ihm berufenen Minister wieder aus dem Amte zu entfernen, wäre die Annahme eines förmlichen Mißtrauensvotums notwendig gewesen. Hierzu aber bedarf es nach der Verfassung der Zustimmung von mehr als der Hälfte der Abgeordneten, aus denen der Landtag überhaupt besteht (also nicht nur der Hälfte der jeweils Abstimmenden).

Als ebenso wichtig erwies sich Art. 46 der Preußischen Verfassung, wonach der Ministerpräsident die **Richtlinien der Regierungspolitik** bestimmt. Die anderen Minister leiten zwar ihre Ressorts selbständig und unter eigener Verantwortung, aber — nach den ausdrücklichen Worten der Verfassung — „innerhalb dieser Richtlinien". Der Ministerpräsident führt ferner nach Art. 47 den **Vorsitz** im Staatsministerium und leitet dessen Geschäfte. Ferner bildet der Ministerpräsident nach Art. 14 der Verfassung zusammen mit den Präsidenten des **Landtags** und des **Staatsrats** einen dreiköpfigen Ausschuß, der jederzeit die **Auflösung des Landtags** beschließen kann.

Nimmt man alles dieses zusammen, so erhellt, daß die Rechte des preußischen Ministerpräsidenten in entscheidenden Situationen außerordentlich groß, ja ausschlaggebend sein können. Es kommt für den preußischen Ministerpräsidenten noch eins hinzu, was seine verfassungsrechtliche Machtstellung im Verhältnis weit über die des Reichskanzlers erhebt: neben dem Reichskanzler als Leiter der Regierungsgeschäfte steht im Reich als Staatsoberhaupt der **Reichspräsident**. Er ernennt den Reichskanzler, und von seiner Gegenzeichnung ist der Kanzler in fast allen entscheidenden Fragen abhängig. Preußens Verfassung kennt ein Staatsoberhaupt nicht. Mit Ausnahme der Auflösung des Landtages ist der preußische Ministerpräsident sonst in allen wichtigen Entscheidungen f r e i. Die Bedeutung dieses Postens wird daher im konkreten Falle entsprechend sein der Bedeutung des M a n n e s, der ihn ausfüllt.

Das Wort vom „rein dekorativen Posten des Ministerpräsidenten" hat denn auch seine beste Widerlegung gefunden durch den, der es geprägt hat: durch O t t o B r a u n. Heute würde die Ansicht, daß dieses Amt „rein dekorativ" sei, bei Freund und Feind die gleiche verständnisinnige Heiterkeit auslösen, wie sie einmal in der sozialdemokratischen Landtagsfraktion entstand, als in einer internen Sitzung Braun sich selbst als ein „armes schwaches Unglückswurm" bezeichnete. Ist es auch unsinnig, von einer „Diktatur Braun" zu reden, so ist es doch ein rühmliches Zeugnis, wenn im Mai 1931 der Sprecher der größten Oppositionspartei bei der Debatte über den Volksentscheid zur Auflösung des Preußischen Landtags offen erklärte, dieser wolle in erster Linie einen a n d e r e n M i n i s t e r p r ä s i d e n t e n für Preußen.

Von einer „Diktatur Braun" kann schon deswegen nicht die Rede sein, weil dieser Ministerpräsident sich seine politische Position nicht geschaffen hat, indem er dem Sinn und dem Geist der Verfassung zuwiderhandelte, sondern durch eine v o l l k o m m e n l o y a l e u n d v e r f a s s u n g s g e m ä ß e H a n d h a b u n g seiner Machtbefugnisse. Wenn sich dabei mitunter ein starkes Übergewicht für ihn ergab, so war das eben das Übergewicht seiner Persönlichkeit, die mit sicherem Instinkt das Richtige und Notwendige, zugleich das in der gegebenen Situation Erreichbare erstrebte.

Einem unfähigen Ministerpräsidenten würde es z. B. wenig nützen, daß ihm die Verfassung den Vorsitz und die Geschäftsführung im Staatsministerium anvertraut. Er würde von seinen Kollegen dauernd überstimmt werden. Wir glauben kein Staatsgeheimnis zu verraten, wenn wir mitteilen, daß es in den verschiedenen Ministerien Braun nur sehr selten förmliche Abstimmungen gegeben hat. Selbst in der Zeit, in der zwei Volksparteiler eine für seinen Kurs gewiß nicht geringe Belastung bildeten, ist es dem Ministerpräsidenten meist gelungen, im Staatsministerium die Linie zu finden, auf die das Kabinett sich einigen konnte. Wenn daraus sich der Zustand entwickelt, daß die Vorschläge des Ministerpräsidenten in den weitaus meisten Fällen im Kabinett durchdringen, so geschieht das nicht gegen die Verfassung, sondern als Auswirkung staatsmännischen Könnens. Wieviel ein Ministerpräsident hiervon in sein Amt mitbringt, kann keine Verfassung im voraus festlegen.

Ähnlich liegt es mit der Ernennung der Minister. Sehr oft hat man die Eigenmächtigkeit Brauns gescholten, mit der er — selbst über die Köpfe der Koalitionsparteien hinweg — die Nachfolger für freiwerdende Plätze im Kabinett bestimmte. Aber schließlich kam es auch hier auf den Erfolg an, darauf, daß sich seine Auswahl als richtig erwies. Würde ein Ministerpräsident dauernd ungeeignete Persönlichkeiten in sein Kabinett nehmen, so würde sehr bald er selbst mitsamt den Ernannten hinweggefegt sein. Aber Brauns Wahl haben sich selbst die ursprünglich Verdrossenen nachträglich fast immer gefügt, weil sie einsahen, daß sie gar nicht schlecht dabei fuhren. Otto Braun seinerseits kann sich rühmen, durch die Schnelligkeit und Entschiedenheit seines Handelns manchen Konflikt im Keime erstickt zu haben. Es ist bekannt, daß zwischen parlamentarischen Koalitionsparteien, je ferner sie sich in ihrer Weltanschauung stehen, desto schwieriger alle Personal- und Ämterbesetzungsfragen zu regeln sind.

Otto Braun hat, indem er von seinem Recht, die Minister zu ernennen, Gebrauch machte, mehr als einmal verhindert, daß der Streit um die Nachfolge eines ausgeschiedenen Ministers sich auf die Koalitionsparteien übertrug. Der versteht die Demokratie vollkommen falsch, der meint, daß sie die Initiative des Handelns ersticke, daß der leitende Staatsmann sich immer erst Deckung bei seiner Fraktion, die Fraktion Deckung bei ihrer Parteiorganisation holen müsse. Demokratie verlangt genau so wie Diktatur entschlossenes Handeln des einzelnen. Sie unterscheidet sich aber darin wesentlich von der Diktatur, daß der Handelnde mit **voller**

Verantwortung und der Möglichkeit des Korrigiertwerdens für sein Handeln einstehen muß.

Gerade die erste Periode der Ministerpräsidentschaft Braun, die Zeit der Großen Koalition, gibt genügend Gelegenheit zu verantwortungsvollem Handeln. Die Jahre 1920 bis 1924 schwelen von außen- und innenpolitischen Bränden. Wir befinden uns in der Periode der französischen Sanktionspolitik, des letzten Ringens um Oberschlesien, in der Zeit der Besetzung von Rhein und Ruhr, in der Zeit der zunehmenden Inflation, aber auch in der Zeit einer wachsenden Reaktion, die sich mit der Ermordung Walther Rathenaus signalisiert und die im Putsch der Schwarzen Reichswehr in Küstrin und Fort Hahneberg ihren Höhepunkt erreicht.

Ein preußischer Ministerpräsident hat in dieser Zeit keine leichte Aufgabe. Fast bei allen außenpolitischen Konflikten ist es zugleich mit dem Reich Preußen, dessen Gebiet in Mitleidenschaft gezogen wird. Preußische Städte fallen der Sanktionspolitik des Jahres 1920 in erster Linie zum Opfer. Preußisches Gebiet wird im Jahre 1923 durch die Rhein- und Ruhrbesetzung der eigenen Staatsmacht so gut wie entzogen, Preußen ist es, das die Verluste der oberschlesischen Teilung trägt, Preußens Grenzen sind in der Ost- und Nordmark gefährdet, Preußen wartet auf die Rückgabe des Saargebietes. Protest, Protest und nochmals leidenschaftlicher Protest gegen die Vergewaltigung wehrloser Gebietsteile wird nun auf Jahre hinaus von der Ministerbank ertönen. Aber der Ministerpräsident, der ihm Sprache verleiht, vergißt nicht, daß seinem Lande kein Mittel zur Verfügung steht, Gewalt mit Gewalt abzuwehren. Er muß sich bewußt bleiben, daß das Ziel des Protestes die Verständigung mit den Gegnern zu bleiben hat. Hier setzt die Opposition der Rechten gegen ihn ein. Sie verlangt immer wieder von der Regierung Abwehrmethoden, für die, selbst wenn die Regierung sie anwenden wollte, die Mittel gar nicht zur Verfügung ständen. In der Antrittsrede, mit der er am 10. November 1921 sein Kabinett dem Hause vorstellt, hat der Ministerpräsident

gegen die unsinnige und unwirtschaftliche Zerreißung Oberschlesiens scharf protestiert. Daraufhin verlangt ein Redner der Rechtsopposition: „Widersteht doch endlich!"
Auf ihn repliziert der Ministerpräsident:

„Meine Herren, wir haben einmal widerstanden. Es gab eine deutsche Reichsregierung, die einmal widerstand, die ein stolzes Wort in London aussprach. Diejenigen, die es aussprachen — ich will hier nichts gegen sie sagen; sie glaubten in der Situation ihre Pflicht gegenüber dem Lande zu tun —, sie wurden mit Jubel in Berlin begrüßt. Für dieses einmal ausgesprochene Wort fühlen noch die rheinischen Städte die militärischen Sanktionen, fühlen heute noch die rheinischen Wirtschaftskreise, die monatelang unter den wirtschaftlichen Sanktionen schwer gelitten haben, die Folgen dieses einmaligen „Nein". Schließlich wurde dieses „Nein" später, um die Sanktionen nicht noch schlimmer zu gestalten, durch ein „Ja" ersetzt. ... Daraus rechtfertigt sich auch meine Äußerung, daß wir nicht Gewalt gegen Gewalt setzen können. Wenn wir das täten, wären wir von vornherein verloren. Wer nicht gewohnt ist, nach dem Gefühl zu handeln, sondern wer nüchtern die Tatsachen ansieht, der muß mir doch zustimmen, wenn ich sage, wir würden geradezu eine komische Figur heute in der Welt machen, wenn wir versuchen würden, Gewalt gegen Gewalt zu setzen. Ich lasse dahingestellt, wie es dazu gekommen ist, ich fasse lediglich als nüchtern denkender Politiker die Tatsachen ins Auge. **Die Tatsache ist: wir sind wehrlos und können eben nur noch mit der Kraft unserer Idee gegen unsere Bedrücker kämpfen.** Wer das nicht erkennt, der sieht eben die Tatsachen nicht, wie sie sind. Das kann wohl der eine oder andere Politiker aus parteipolitischen Gründen tun, aber **kein verantwortlicher Politiker**, an welcher Stelle er auch stehe."

Der Realpolitiker Braun spricht aus jedem dieser Worte. Fünfviertel Jahr später soll wieder eine Reichsregierung, die Regierung **Cuno**, auf die Idee des Widerstandes mit unzureichenden Mitteln verfallen. Die Folgen sind noch katastrophaler: es kommt zur **Rhein- und Ruhrbesetzung**. Wieder steht der preußische Ministerpräsident leidenschaftlich protestierend an seinem Platze. Er findet die Worte, die die Gefühle des gesamten Landes gegenüber dem brutalen Gewaltstreich ausdrücken. Aber wiederum hat er gegen die Rechte zu kämpfen, die hinter der vernünftigen Einsicht in die Situation allenthalben Verrat und Schlappheit wittert.

Im Oktober 1923 zeigt sich, daß die Kräfte des Widerstandes erschöpft sind. Die Inflation ist durch die dauernden Ausgaben zur Aufrechterhaltung des Widerstandes und durch die wirtschaftliche Zerschneidung Deutschlands aus dem Millionen- in den Milliarden- und Billionenwirbel geraten. Hungerunruhen brechen aus, Rechts- und Linksradikale glauben die Gelegenheit zum Putsch gekommen. Noch längerer Widerstand würde das Chaos und den Zusammenbruch Deutschlands bedeuten. Wieder wird von der Rechten Fortsetzung des Widerstandes gepredigt, es wird so getan, als ob das Scheitern des Widerstandes nur die Schuld der gegenwärtigen Regierung sei. Die Rechte spielt mit dem frivolen Gedanken, das „**Rheinland versacken**" zu lassen, und kündigt geheimnisvolle Mittel an, mit denen alsdann ein Rumpfdeutschland den Widerstand fortsetzen könne. Es lohnt sich, auch hierauf die Antwort des Ministerpräsidenten in der Sitzung vom 10. Oktober 1923 zu hören: „Nun hat allerdings ein Abgeordneter der Deutschnationalen Partei gesagt: „**So dumm sind wir nicht**, daß wir hier **Geheimnisse auskramen** und sie vorher anderen mitteilen; erst wenn wir an der Regierung sind, werden wir das Volk glücklich machen." Nein, meine Herren, jeder Staatsbürger hat jetzt die Pflicht, wenn er weiß, wie sein Volk jetzt aus der furchtbaren Not herauskommen kann, es mitzuteilen, es nicht im Busen zu behalten, sondern es zu offenbaren. **Ich glaube aber an dieses geheimnisvolle Mittel nicht**; ich glaube nicht an die Wunderkraft dieses geheimnisvollen Mittels, und **weil Sie selbst nicht daran glauben, deswegen teilen Sie es nicht mit.** ....

Die Reden, die immer an die Wehrhaftmachung, an den **aktiven Widerstand** appellieren, sind nur vom **Gefühl** eingegeben. (Widerspruch rechts.) Wenn Sie den Verstand sprechen lassen, dann werden Sie, die Sie zum größten Teil selbst im Feld gewesen sind und mit den modernen Kriegsmaschinen Bekanntschaft gemacht haben, sagen müssen: es wäre **ein Wahnsinn** und hieße den **letzten Rest unserer deutschen Volkskraft in den Abgrund** werfen, wenn wir versuchen wollten, mit der Waffe in der Hand uns zu wehren Deshalb halte ich es politisch für verfehlt, wenn Sie versuchen, hier im Parlament und in der Öffentlichkeit den Glauben zu erwecken, wir hätten a n d e r e Mittel der Abwehr als die, die jetzt von der Reichsregierung angewandt werden."

Der Wahnsinn des aktiven Widerstandes ist denn auch ernsthaft von der Rechten niemals versucht worden. Die für diesen Zweck bereitgehaltenen Waffen wurden lediglich für den Putsch im Inneren, zum Kampf gegen die eigenen Volksgenossen, gegen die Republik verwendet beim Putsch der Schwarzen Reichswehr.

Und diejenigen, die damals das Rheinland kaltblütig versacken lassen wollten, mimen heute die entrüsteten Patrioten gegenüber dem „vaterlandslosen" Braun, dessen Einfluß auf die Reichsregierung nicht zuletzt die Verhinderung dieses Wahnsinnsgedankens zu danken ist.

Kampf um die Demokratie

Als der Ministerpräsident Braun in der Sitzung vom 10. November 1921 sein Kabinett der Großen Koalition dem Landtag vorstellte, konnte er als das treibende Motiv dieser Koalition das Bestreben nennen, „mehr Stetigkeit und Sicherheit in die preußische Politik zu bringen". Dieses Ziel wurde zunächst für die Dauer von 3½ Jahren erreicht. Braun wies in der erwähnten Rede darauf hin, daß zugunsten der gemeinsamen Arbeit jede Partei Opfer bringen und sich in ihren Ansprüchen bescheiden müsse. Rückschauend kann gesagt werden, daß dies bei allen Beteiligten tatsächlich der Fall gewesen ist.

Auch die Deutsche Volkspartei, das muß anerkannt werden, hat der Großen Koalition Opfer gebracht. Das preußische Schutzgesetz für die Republik z. B., das nach der Ermordung Rathenaus geschaffen wurde und vornehmlich dem Zwecke diente, die preußische Verwaltung von reaktionären Elementen zu reinigen, ist m i t d e n S t i m m e n d e r D e u t s c h e n V o l k s p a r t e i angenommen worden. Wenn nach dem

Bruch der Großen Koalition der volksparteiliche Fraktionsführer Herr von Campe mehrfach erklärt hat, seine Partei sei nur in die Große Koalition hineingegangen, um den Einfluß der Sozialdemokratie in Preußen zurückzudämmen, so mag eine solche Betrachtungsweise vom späteren Standpunkt aus zur Rechtfertigung des eigenen Verhaltens zweckdienlich gewesen sein — die historischen Tatsachen sehen anders aus.

Auch in dem hochkritischen Ruhrbesetzungs- und Inflationsjahr 1923, während das Reich von einer Regierungskrise in die andere fiel, bildete das republikanische Preußen das Rückgrat des Reiches. Es ist kein Zufall, daß es ein v o l k s p a r t e i l i c h e s Blatt, „Die Zeit", war, das in den Tagen des Münchener Hitler-Putsches schrieb, der Name einer O r d n u n g s z e l l e gebühre nicht mehr Bayern, sondern P r e u ß e n.

Die auf die Inflation folgenden Reichstagswahlen vom Mai 1924 ergaben ein so starkes Anwachsen der radikalen Flügelparteien links und rechts, daß der neue Reichstag, ähnlich wie der 1930 gewählte, arbeitsunfähig war. Wiederum war Preußen mit seinem arbeitsfähigen Staatsapparat das Fundament der Stetigkeit und Ordnung auch für die Reichspolitik. Es war ein politischer Fehler, daß im November des Jahres 1924, als der arbeitsunfähige Reichstag nach kaum halbjähriger Dauer aufgelöst werden mußte, der Preußische Landtag freiwillig seine Mitauflösung und gleichzeitige Neuwahl beschloß. Es trifft zu, daß der Landtag nur noch wenige Monate Lebensdauer vor sich hatte, da seine Wahlperiode im Februar 1924 endete. Es hat sich aber gezeigt, daß in politischen Krisenzeiten einige Monate von größter Wichtigkeit sein können. Überdies verhinderte aber der Landtag durch die Verkoppelung der Landtagswahlen mit den Reichstagswahlen, daß seine Neuwahl unter den spezifischen Gesichtspunkten der p r e u ß i s c h e n P o l i t i k stattfand. Denn im Wahlkampf wurde naturgemäß fast nur die Reichspolitik, fast gar nicht die preußische Politik zur Debatte gestellt.

Die Wahlen vom 7. Dezember 1924 ergaben gegen den Mai 1924 etwas beruhigtere Verhältnisse. Namentlich Preußen hätte seine bisherige Politik ruhig fortsetzen können, da die Große Koalition mit insgesamt 168 Mandaten gegen 182 Mandate aller anderen Parteien auch im neuen Landtag über eine sichere Mehrheit verfügt hätte. Aber die innere Struktur dieser Mehrheit war eine andere geworden. Im Landtag von 1921 hätten die drei Weimarer Parteien — namentlich nach der Verschmelzung der Unabhängigen Partei mit der Sozialdemokratie — mit einer gesicherten Mehrheit auch ohne die Deutsche Volkspartei regieren können. Dagegen reichten nach der Wahl vom 7. Dezember 1924 Sozialdemokraten, Zentrum und Demokraten zusammen nicht ganz an die Mehrheit heran. Selbst wenn man die beiden Vertreter der Polen nicht mitrechnete, besaßen die übrigen Parteien 2 Stimmen über die absolute Mehrheit.

Diese Situation glaubte die Deutsche Volkspartei zu einer Kraftprobe benutzen zu können. Im Reiche bereitete sich, nachdem schon im Oktober 1923 die Sozialdemokratie aus der Regierung ausgetreten war und seitdem die Mitte allein regiert hatte, jetzt eine ausgesprochene **Rechtsregierung** unter Hinzunahme der Deutschnationalen vor, die soeben durch das Passierenlassen der Dawes-Verträge ihre Regierungsfähigkeit bekundet hatten. Preußen sollte nach dem Willen der Deutschen Volkspartei eine ähnliche Rechtsregierung erhalten, wie sie das Kabinett Luther-Schiele im Reich darstellte. Um dies zu erzwingen, zog die Deutsche Volkspartei unmittelbar nach der Dezemberwahl ihre Minister von Richter und Bölitz aus der preußischen Regierung zurück.

Aber dieser Plan der Sprengung der Großen Koalition hatte mit einem nicht gerechnet: mit **den Nerven und der Zähigkeit des preußischen Ministerpräsidenten Braun.** Entgegen der Annahme der Volkspartei trat das Ministerium Braun nicht von seinem Posten zurück. Verfassungsrechtlich war es hierzu auch nicht gezwungen, da es nur durch die Annahme eines förmlichen **Mißtrauensvotums** gestürzt werden konnte.

Seine Gegner hielten diese Taktik anfangs für Spiegelfechterei. In ihren Augen war das Kabinett Braun bereits gestürzt. Die ausgesprochene Geringschätzung, die sie dem „Rumpfkabinett" Braun zuteil werden ließen, führte gleich bei Eröffnung des neugewählten Landtags zu einer höchst unwürdigen und gerade vom nationalen Standpunkt aus abstoßenden Skandalszene. Auf der Tagesordnung der ersten Sitzung nach der förmlichen Konstituierung des Parlaments vom 9. Januar 1925 stand als einziger Punkt eine **Kundgebung** des Landtags gegen die **rechtswidrige Verlängerung der Besetzung der ersten Zone** im Westen. Der Landtagspräsident **Bartels** verlas hierzu im Namen des Landtags eine vereinbarte Erklärung. Nach ihm erhob sich der Ministerpräsident Braun, um sich dem Protest des Hauses anzuschließen. Stürmische „Nieder"- und „Abzugs"-Rufe der Rechten empfangen ihn. Gegenrufe der Linken werden ausgelöst, minutenlang tobt der Lärm, ohne daß der Ministerpräsident sich durchsetzen kann. Das schmachvolle Schauspiel endet damit, daß die Rechte den Saal verläßt. Der Ministerpräsident gibt seine Erklärung gegen einen schnöden Rechtsbruch, begangen am deutschen Volk und am preußischen Staat, ab, während ein Drittel der Bänke leerstehen, während die Rechte, die ihr Nationalgefühl und die Volksgemeinschaft gegenüber dem äußeren Feind sonst so gern betont, vor der Tür bleibt.

Nachdem der Ministerpräsident geendet hat, erhebt sich ein unwürdiges Gezänke der Oppositionsparteien darüber, ob Braun hätte reden dürfen. Der Ministerpräsident vertritt, während wiederum die Rechte den Saal verläßt, den Standpunkt, daß eine Regierung unmöglich schweigen kann, wenn eine so lebenswichtige Frage auf der Tagesordnung steht. Er erklärt: „**Solange die Minister ihr Amt verfassungsmäßig bekleiden, tun sie es mit vollen Rechten und mit der vollen Verantwortung.**" Treffend hebt der Ministerpräsident hervor, daß das längst im Zustand der Demission befindliche gegenwärtige Reichsministerium, also wirklich ein Geschäftsministerium, außenpolitische Erklärungen von höchster Bedeutung fortgesetzt abgebe, ohne daß jemand etwas dagegen einzuwenden habe.

Er wiederholt diesen Standpunkt, als eine knappe Woche später das Mißtrauensvotum gegen die Regierung auf der Tagesordnung steht. Mit einer kurzen Bemerkung tut er die Behauptung ab, daß das gegenwärtige Kabinett nach dem Ausscheiden der volksparteilichen Minister ein Rumpfkabinett sei:

„Nein, das ist nicht richtig, sondern der Rumpf hat noch **einen Kopf** und ist deshalb nicht nur ein Rumpf. Aber es fehlen ihm zwei Glieder, und ich beabsichtige, nach dem Ausgang der Besprechung hier im Hause die beiden unbesetzten Ministerien durch Ernennung neuer Minister **wieder zu besetzen**."

Er ist wirklich der Kopf Preußens und hat, wie die Ankündigung der letzten Worte zeigt, die große verfassungsrechtliche Macht dieses Kopfes voll begriffen.

Auch bei dieser Rede „ehrt" die Rechte den Ministerpräsidenten durch ostentativen Auszug bei Beginn seiner Worte. Ein Teil kommt indessen wieder und lärmt. So wird es in der Folgezeit fast bei jeder Rede des Ministerpräsidenten sein. Sein Platz auf der Ministerbank, von dem aus er redet, befindet sich den Bänken der Rechten gegenüber. Diese hat es bequem, aus nächster Nähe den Sprecher niederzubrüllen. Von der äußersten Linken her assistieren die Kommunisten. Von der Tonart, die im Hause eingerissen ist, erhält man einen Begriff durch den protokollarisch festgehaltenen Zwischenruf eines recht jungen **kommunistischen Abgeordneten** gegen Braun: „**Sie alter Esel!**". Diese schwere Beleidigung des Ministerpräsidenten ahndet der Präsident milde mit einem — **Ordnungsruf!** Die Tonart der Rechten ist kaum anständiger. Bei der Rede Brauns am 16. Januar 1925, in der er auf seine Angreifer erwidert, muß der volksparteiliche Vizepräsident Garnich seine eigenen Gesinnungsfreunde ermahnen: „Meine Herren, ich fürchte, daß die Aufregung, die hier seit langem im Saale herrscht, manchen von Ihnen **gesundheitsschädlich** sein könnte."

In seiner Erklärung vom 14. Januar 1925 hat der Ministerpräsident mit Absicht sehr ruhig und sachlich die positiven Leistungen während einer 3½jährigen Regierungsperiode dargelegt. Sein Schlußwort am 16. Januar wird eine wuchtige Abrechnung mit der Volkspartei. Treffend weist er dem Führer dieser Partei, Herrn von Campe, seine Widersprüche nach, der noch im Jahre 1922 seinen Parteifreunden erklärt hat: „Es würde der Krieg aller gegen alle sein, wenn wir die Parole ins Volk schleuderten, hie bürgerlich, hie sozialdemokratisch." — Jetzt schleudert Herr von Campe diese Parole ins Volk. Derselbe Herr von Campe hat 1922 erklärt: „Nichts ist schlimmer in der Politik als ein Schwenken. Wir müssen Kurs halten." Jetzt schwenkt Herr von Campe. Diese und andere Zitate erregen große Heiterkeit und reißen die Koalitionsparteien zu stürmischem Beifall hin. Aber die Schlacht scheint gleichwohl verloren. Die Abstimmung über das Mißtrauensvotum ergibt eine knappe Mehrheit gegen die Regierung. Wenn auch nicht die zur Annahme eines Mißtrauensvotums verfassungsrechtlich notwendige Majorität der Gesamtzahl aller Abgeordneten erreicht ist, so ist doch das Kabinett in der Minderheit geblieben. Das Ministerium Braun zieht die Konsequenz und tritt zurück.

Nun folgt auf drei Monate ein höchst sonderbares, ja groteskes Schauspiel. Die vereinigte Opposition von Rechtsparteien und Kommunisten kann zwar jede Regierung der Weimarer Koalition stürzen, aber bei der dann notwendigen Neuwahl des Ministerpräsidenten durch das Parlament fällt diese Opposition automatisch in ihre Bestandteile auseinander. Soweit geht der Hilfsdienst der Kommunisten für die Rechtsparteien doch nicht, daß sie positiv für deren Ministerkandidaten stimmen. So kommt es regelmäßig zur Stichwahl zwischen dem Kandidaten des Rechtsblocks und dem der Weimarer Koalition, und in der Stichwahl siegt jedesmal — bei Stimmenthaltung der Kommunisten — der Kandidat der Weimarer Koalition. Er siegt, um einige Tage darauf von der nun wieder vereinten Opposition gestürzt zu werden. So dreht sich das Karussell in den nächsten drei Monaten vier- bis fünfmal um die eigene Achse, ohne daß etwas

Dauerndes zustande kommt. Das Zentrum versucht durch eine der Rechten entgegenkommende Zusammensetzung des Kabinetts die Volkspartei wieder zu sich heranzuziehen. Man probiert es mit einem Kabinett des Zentrumsministers Marx, mit einem Kabinett des Demokraten Höpker-Aschoff, man stellt ein Beamtenkabinett zusammen, aus dem die Sozialdemokratie fast ausgeschieden ist, bis auf den einen Innenminister Severing, der unter der Bezeichnung eines „Fachministers" diesem Kabinett angehört. Es ist alles umsonst! Die Volkspartei bleibt unerbittlich: Entweder entschiedene Rechtsregierung zusammen mit den Deutschnationalen — oder unbeugsame Opposition. Herr Marx, kaum ins Amt getreten, sieht sich bereits gestürzt, ebenso ergeht es dem Fachministerium. In Preußen tauchen Eintagsministerien auf und verschwinden ebenso rasch. Derweilen amtiert das gestürzte Ministerium Braun als geschäftsführende Regierung weiter.

Bei diesem Spiel kommt es darauf an, wer zuerst die Nerven verliert. Braun verliert sie jedenfalls nicht. Er weiß, daß die stärkeren Trümpfe in s e i n e r Hand sind. Solange die Opposition nicht imstande ist, aus ihren Reihen einen Ministerpräsidenten zu wählen, ist alle Ministerstürzerei umsonst. Allerdings nur unter e i n e r Voraussetzung: daß die Weimarer Koalitionsparteien zusammenhalten, daß keine ausbricht. Um dies zu verhindern, ist er denn auch zum größten Entgegenkommen an das Zentrum bereit. Er lenkt seine Partei dahin, daß sie sich notfalls — als stärkste Koalitionspartei — mit einem einzigen Minister im Kabinett begnügen will.

Seine Taktik und seine Nerven gewinnen das Spiel. Der Verfasser dieser Zeilen erinnert sich, wie er nach dem soundsovielten Kabinettssturz im Landtagsrestaurant neben Braun sein Mittagessen einnahm und diesen besorgt fragte, wie denn nach seiner Ansicht dieses Katze- und Mausspiel zwischen Regierung und Oppositionsparteien enden sollte. Worauf Braun, leise schmunzelnd, ohne von seinem Essen aufzusehen, in seinem ruhigsten Ostpreußisch erwiderte: „Ganz ejnfach — wir rejieren immer wejter."

Er hat diesem Wort eine erstaunliche Wahrheit gegeben. Im April 1925 gibt die Opposition ihr Spiel verloren. Sechs volksparteiliche Abgeordnete machen die Vabanque-Taktik ihrer Partei nicht mehr mit. Die Regierung Braun bekommt jetzt bei Abstimmungen eine kleine Mehrheit. Gleichzeitig hat die Wahl Hindenburgs zum Reichspräsidenten den Kommunisten einen Schrecken eingejagt. Die Selbstmordtaktik, unter allen und jeden Umständen Preußen der Reaktion auszuliefern, werden sie erst fünf Jahre später beim Volksentscheid des Stahlhelms voll durchführen. Jetzt haben sie — wahrscheinlich aus Moskau — Anweisung erhalten, in Preußen die Regierung der Weimarer Koalition — sagen wir ruhig das Wort — zu tolerieren!

Die Wogen der rasenden parlamentarischen See glätten sich. Auftaucht aus ihnen als unerschütterlicher Fels das Kabinett Braun. Aber diesmal kein Kabinett der Großen Koalition, sondern ein Kabinett der drei republikanischen Parteien. Durch die Neuwahlen vom Mai 1928 erreicht dieses Kabinett auch die ihm fehlende Mehrheit. Erscheint diese anfangs auch nur knapp — 5 Stimmen über die absolute Majorität —, so wirkt sie sich doch durch den Zerfall der Gegner und Übertritte kleiner Gruppen sehr viel stärker aus, so daß in diesem Landtag alle Mißtrauensanträge gegen die Regierung mit sicheren Mehrheiten von 25 bis 40 Stimmen abgewehrt werden.

Als Geschlagene bleibt auf dem Schlachtfeld die Deutsche Volkspartei zurück. Nicht nur ist ihre Hoffnung, eine Rechtsregierung zu erzwingen, fehlgeschlagen, — durch ihr unnachgiebiges Verhalten hat sie sich auch die Wiederkehr der Großen Koalition verscherzt. Mag sie auch in der Folgezeit beim Ministerium Braun wiederholt anklopfen, zu einer Einigung kommt es nicht mehr. Aus dem kurzen Auszug, den man sich bei der Volkspartei gedacht hat, wird ein dauerndes Exil. Wider Willen hat die Deutsche Volkspartei für Preußen eine ebenso langlebige wie entschieden republikanische Regierung erkämpft.

Der Staatsmann

Das aus den Frühjahrsstürmen von 1925 hervorgegangene Kabinett Braun hat sich als Kabinett der Weimarer Koalition, als Kabinett der republikanischen Parteien durch die Jahre erhalten. Einzelne Ministerien haben gewechselt: Das Innenministerium ging von Severing an Grzesinski, von Grzesinski an Waentig, von Waentig wieder an Severing. Im Unterrichtsministerium wurde im Jahre 1930 Dr. Becker durch den Sozialdemokraten Grimme ersetzt. Das Justizministerium gab der alternde Zentrumsmann am Zehnhoff an den jüngeren Schmidt-Lichtenberg ab. Das Finanzministerium wurde nach der Amtsniederlegung Höpker-Aschoffs durch den Präsidenten der Preußenkasse Klepper besetzt. Bei diesen Umbesetzungen hat es wohl zuweilen Reibungen gegeben, aber das Kabinett blieb das gleiche: Es blieb das Kabinett Braun. Es klingt fast komisch, ist aber gleichwohl wahr, daß im Jahre 1928 ein Redner der Rechten sich zu der Äußerung verstieg: Es sei zwar richtig, daß die Sozialdemokratie im Kabinett Braun nur eine Minderheit darstelle, aber die Persönlichkeit Brauns drücke so sehr dem Gesamtkabinett den Stempel auf, daß dieses Kabinett gleichwohl als ein sozialdemokratisches angesehen werde. Ein größeres Kompliment kann ein Ministerpräsident vom Gegner eigentlich nicht verlangen!

Dennoch ist die Behauptung falsch, daß Braun als Parteimann in Preußen regiere. Dann hätte das Kabinett Braun — zumal auf so schmaler parlamentarischer Basis — nicht 7 Jahre bisher bestanden. Diese Lebensdauer des preußischen Kabinetts, während im Reiche kaleidoskopartig die Regierungen wechselten, ist nur daraus zu erklären, daß an seiner Spitze **ein wirklicher Staatsmann** steht. Staatsmann aber ist nur, wer über den Parteihorizont hinauszublicken und danach zu handeln weiß.

Es war bereits ein Akt staatsmännischer Klugheit, daß bei der endgültigen Konstituierung des Kabinetts Braun die Sozialdemokratie, obwohl als Fraktion stärker als ihre Verbündeten, Zentrum und Demokraten, zusammen, sich mit zwei von acht Ministersitzen begnügte, während sogar die kleine demokratische Fraktion ursprünglich drei Minister erhielt. Gerade durch die Liberalität wurde die Neigung der bürgerlichen Koalitionspartner stark vermindert, die Volkspartei wieder in die Regierung aufzunehmen; denn es war klar, daß in diesem Falle sie die Sitze für die volksparteilichen Minister hätten freimachen müssen. Erst im Jahre 1930 erhielt die Sozialdemokratie als drittes Ministerium das Unterrichtsministerium zu dem Staats- und Innenministerium hinzu.

Staatsmännisches Fingerspitzengefühl ließ Braun darüber im klaren sein, wo die Wurzeln und Grundbedingungen der Koalition lagen, wo er fest bleiben durfte und wo er, noch so bitteren Herzens, nachgeben mußte. Man kann als eins der Merkmale eines Staatsmannes ansehen, daß er versteht, durch r e c h t z e i t i g e Opfer spätere größere Schäden zu verhindern. Die ungeheure Mehrzahl der Menschen denkt nie daran, zu opfern, solange sie noch mit kleineren Verlusten davonkommen könnte.

Man hat es auf der Linken dem Sozialdemokraten Braun verargt, daß er im Jahre 1929 das K o n k o r d a t m i t d e r k a t h o l i s c h e n K i r c h e abgeschlossen hat. Vom Standpunkt des Staatsmannes Otto Braun aus war dieses Konkordat eine Meisterleistung. Er wußte, daß das Zentrum als eine wirtschaftliche Mischpartei in allen Punkten mit sich handeln läßt, aber nicht auf dem Gebiet der religiösen Belange, die den eigentlichen Kitt seiner sonst buntscheckigen Gefolgschaft bilden. Ohne den Rechten des Staates etwas Wesentliches zu vergeben, — die Schule blieb gänzlich aus dem Konkordat heraus — verhalf er dem Zentrum zu einem moralischen Erfolg, durch den diese Partei vor seinen katholischen Wählern das dauernde Regierungsbündnis mit der Sozialdemokratie rechtfertigen konnte. Gleichzeitig zerhieb er alle sich anspinnenden Fäden zwischen dem Zentrum und den Rechtsparteien. Deutsche Volkspartei und Deutschnationale waren töricht genug, gegen das Konkordat Opposition zu treiben, — nicht aus grundsätzlichen Erwägungen, sondern weil ihre protestantischen Paritätswünsche nicht auf der Stelle erfüllt wurden. Gewiß hätten beide Parteien, sobald das Zentrum mit ihnen die Regierung gebildet hätte, wohl auch ein Konkordat mit dem Papste geschlossen. Das ist ziemlich sicher. Jetzt aber, in ihrer Oppositionsstellung, kam mit der Länge der Debatten — je länger, desto mehr — der furor protestanticus bei ihnen zum Durchbruch. Trotz aller gegenteiliger Beteuerungen zeigte sich anschwellend ein **katholikenfeindlicher** Unterton in den Reden dieser überwiegend protestantisch orientierten Parteien. Nirgends aber ist das Zentrum so hellhörig wie auf diesem Gebiet. Es hat den Rechtsparteien ihre Haltung beim Konkordat in Preußen nie verziehen, und alle späteren Anbiederungsversuche der Deutschen Volkspartei, um wieder in die Koalition zu kommen, sind gerade beim Zentrum auf ein hartes „Nein" gestoßen.

Für den Sozialdemokraten Otto Braun bedeutete das Konkordat gewiß eine schwere Belastungsprobe. Es hat denn auch nicht an Angriffen auf ihn aus dem eigenen Lager gefehlt. Aber Braun konnte seiner Partei jederzeit erwidern, daß sie für den Abschluß des Konkordats in einer täglich kritischer werdenden Krisenzeit die Machtmittel des preußischen Staates eingehandelt hatte, daß sie gegen ein paar Bischofssitze die **preußische Polizei** und die **preußische Verwaltung** in sicheren republikanischen Händen wußte. Diesen Erfolg hat seine Partei auch längst eingesehen.

Ein Gebiet aber war es besonders, auf dem sich die staatsmännischen Eigenschaften des preußischen Ministerpräsidenten zu bewähren hatten: das war das **Verhältnis zwischen Preußen und Reich**. Von diesem Verhältnis hängt ja letzten Endes, da Preußen fast zwei Drittel des Deutschen Reiches ausmacht, der Bestand des Reiches im ganzen ab. Otto Braun, in seiner Seele Unitarist, entschiedener Anhänger des Reichseinheitsgedankens, war gewiß von Hause aus wie kein zweiter geeignet, dieses Verhältnis in günstigem Sinne auszugestalten. Aber auch hier zeigte sich, wie ganz anders die Dinge in der politischen Praxis oft aussehen als in der Theorie. Gewiß waren die Beziehungen zwischen Reich und Preußen verhältnismäßig ungetrübt, solange in beiden Staatsorganismen einigermaßen gleichgerichtete Regierungen ihres Amtes walteten. Es ging auch noch an, wenn wenigstens in den großen Fragen der Außenpolitik beide Regierungen dasselbe Ziel verfolgten. So hat die Verständigungspolitik des Reichsaußenministers **Stresemann** keine festere Stütze gehabt als das **preußische Kabinett Braun**.

Schwierig aber wird die Situation, als die **Deutschnationalen** ihre Rechnung dafür präsentieren, daß sie diese Realpolitik durch ihre berühmte 50prozentige Dawes-Abstimmung toleriert haben, und mit vier Ministern in die Reichsregierung einziehen. Die 1½ Jahre des dritten Kabinetts Marx mit dem deutschnationalen Minister **Hergt** als Vizekanzler und dem deutschnationalen Reichsinnenminister **von Keudell** werden für das Preußenkabinett Braun zu einer schweren Geduldprobe. Es setzt eine förmliche **Bosheits- und Nadelstichpolitik** der rechtsorientierten Reichsregierung gegen Preußen ein, so daß sich der preußische Ministerpräsident in aller Öffentlichkeit vor dem Landtag beschweren muß, „daß von gewissen Reichsstellen eine **bewußt antipreußische Politik** getrieben wird".

Das Reich begeht gegen Preußen einen offenen Affront nach dem anderen: Im Verwaltungsrat der Reichseisenbahn besetzt es den Preußen zustehenden Sitz über den Kopf der preußischen Regierung hinweg. Obwohl der Staatsgerichtshof die von Preußen hiergegen eingelegte Beschwerde für **vollberechtigt** erklärt, ändert das Reich an den Dingen nichts und macht lahme Ausflüchte, wie die, daß es sich nur um ein „Feststellungsurteil" des Staatsgerichtshofes handele. — Beim Finanzausgleich wird Preußen vom Reich auf das schwerste benachteiligt. — Die Preußen zustehende und vom Reich zugesagte Rückgabe von **preußischem Eigentum**, die ebenfalls zugesicherte Übereignung von **Reichsforsten** erfolgt nicht, so daß der Ministerpräsident dem Parlament als seinen Eindruck wiedergibt:

„gewisse Reichsministerien wollten die preußische Regierung bei diesen Verhandlungen offenbar zum besten halten".

Bei diesen Streitigkeiten drehen sich die Dinge, wie Braun selbst ausführt, erstaunlich um: Die föderalistisch gesinnten Reichsminister behandeln Preußen so, als ob der unitarische Einheitsstaat bestände, während der unitarische preußische Ministerpräsident Braun sich dauernd genötigt sieht, die preußischen Interessen gegen das Reich zu vertreten.

In einem Punkte muß Braun sogar das Reich gegen die Reichsregierung verteidigen: bei dem Flaggenstreit, der in diesem Jahre immer wieder auflebt. Immer von neuem rennt die Rechte Sturm gegen die Erlasse des preußischen Ministerpräsidenten, wonach bei festlichen Gelegenheiten alle Behörden usw. die Reichsfarben Schwarz-Rot-Gold zu zeigen haben. Gerade in diesen Debatten kommt der innere Haß, die giftige Verbissenheit der Rechten gegen die Republik zum Durchbruch. Braun aber läßt sich nicht beirren: Den alten Farben versagt er den Respekt nicht, aber sie gehören dorthin — so sagt er —, wohin alles Historische gehört: in ein Museum. Dieses Wort hat Wutausbrüche auf der Rechten ausgelöst, und doch enthält es nichts Anstößiges oder Verächtliches, es drückt eine Binsenwahrheit aus. Jedenfalls ist Braun von keinem seiner Flaggenerlasse abgegangen, er hat sie durchgesetzt.

Noch auf einem anderen Gebiet sollte dem Unitaristen Braun ein Erfolg beschieden werden: Es ist ihm gelungen, wenigstens eins der lebensunfähigen staatlichen Zwerggebilde in Deutschland, das frühere Fürstentum Waldeck, im Jahre 1928 durch Staatsvertrag an Preußen anzugliedern. Zwei andere, ähnlich lebensunfähige Zwerge, Schaumburg-Lippe und Mecklenburg-Strelitz (48 000 bzw. 110 000 Einwohner), haben sich dagegen bis heutigen Tages „erfolgreich" gegen die Angliederung an Preußen gewehrt! Sie blieben erhalten als Sinnbilder der unausrottbaren deutschen Krähwinkelei!

Otto Braun hat einmal über die Frage der Reichsreform (327. Sitzung vom 16. Dezember 1927) ein Wort gesprochen, das für seine Art, Politik zu treiben, charakteristisch ist. Er führte aus:

„Es wird über Einheitsstaat, Vereinheitlichung und Verwaltungsreform jetzt ungemein viel geredet und geschrieben; denn jeder, der darüber schreibt oder darüber redet, meint meist darunter etwas anderes. Auch die vielen Konstruktionen, die über die Frage vorgelegt werden, wie man der Vereinheitlichung näherkommen könne, sind meistens nicht zu Ende gedacht, halten dort immer an, wo die Schwierigkeiten der Durchführung beginnen. Ich habe mich seinerzeit, als ich zu dieser Frage gesprochen habe, nicht daran beteiligt, neue Kombinationen aufzuzeigen, sondern habe aus der ganzen Sachlage den Schluß gezogen: nichts verkehrter als künstliche Konstruktionen, wie man die Dinge machen könnte, oder Pläne mit dem Blaustift, die eine ganze Reihe gelehrter Herren auf den Landkarten gemacht haben. Die Notwendigkeit der Vereinheitlichung — in welcher Form, lasse ich ganz dahingestellt — zwingt sich derart auf, daß es ganz müßig ist, über die Dinge so viel zu reden und darüber so viele Kombinationen anzustellen."

Das ist der Praktiker Otto Braun, wie er leibt und lebt, der alles Theoretisieren ablehnt und sich auf sein praktisches Fingerspitzengefühl verläßt. Man mag ihm einwenden, daß seine Erfolge auf dem Wege zum Einheitsstaat nicht überwältigend sind. Das liegt aber nicht an ihm. Mehr als einmal hat in den Zwergländchen eine an veraltete Instinkte appellierende Agitationspolitik die Erfolge kluger und fast bis zu Ende geführter Verhandlungen zerschlagen. Wer aber auf die Dauer recht behalten wird: die Schaumburg-Lipper Heimatfanatiker oder der Unitarier Otto Braun, das dürfte die Geschichte in gar nicht allzu ferner Zeit lehren.

Schluss

Das Bild des Politikers und Staatsmannes Otto Braun, das wir zu geben versucht haben, ließe sich noch an manchem Einzelfall erläutern. Einen wesentlich neuen Zug würde es aber kaum gewinnen. Wie wir diese Persönlichkeit durch die Jahre verfolgt haben, zeigt sich ihre zunehmende Reife in einem wachsenden Wirklichkeitssinn, in einer durch Selbstdisziplin gesteigerten Fähigkeit, sich von Wunschbildern und Illusionen freizumachen. Dazu möchte er auch die anderen erziehen, seine eigene Partei, die anderen Parteien, sein ganzes Volk. Das ist der Kern seiner meisten Reden.

Mit solcher Einstellung könnte man zu einem ledernen und banalen Nüchternheitsapostel absinken. Aber bei Braun steht hinter der klaren Erkenntnis ein **starkes Temperament**, eine **Kampfnatur**, ein **eiserner Wille**. Nicht allein, daß er erkennt, hat ihn zum Staatsmann gemacht, sondern daß er mit unbeugsamer Energie für seine Erkenntnis **kämpft**. Ohne kämpferisches Temperament kein politischer Erfolg. Aber dieses Kämpfertum ist polar entgegengesetzt der wilden Besessenheit des Fanatikers, der einem Phantasiegebilde nachstürmt, ohne sich an die Wirklichkeit zu kehren. Diese Illusionspolitik, die zu schwindelnden Gipfeln oder meist in den bodenlosen Abgrund rast, ist Braun seinem ganzen Wesen nach stets fremd geblieben. Er bleibt auch im Kampfe bedächtig abwägend, achtet auf die Details und paßt seine Taktik den Umständen und Widerständen an.

Wenn er gegenüber dem bunten Wechsel im Reich als das beharrende Element erscheint, so ist es doch eine **Beharrung des Fortschreitens**, die sich in ihm verkörpert. Nach der verhängnisvollen Reichstagswahl vom 14. September 1930 kann er auf den Zwischenruf: „Sie kleben an Ihrem Ministersitz!" (176. Sitzung vom 15. Oktober 1930) die stolze Antwort erteilen:

„Ohne mich überheben zu wollen, bin ich doch der Meinung, daß gerade der Umstand, daß ich solange auf meinem Sessel „geklebt" habe, zum Besten des preußischen und des deutschen Volkes gewesen ist. Denn hätten wir hier in Preußen, dem größten deutschen Staate, fortgesetzt in kurzen Zeitabständen Regierungskrisen gehabt, wie es im Reich der Fall war, dann sähe es vielleicht um unsere preußische und deutsche Wirtschaft sehr viel schlimmer aus."

An Versuchen seiner Gegner, ihn von diesem Sitz zu entfernen, hat es wahrlich nicht gefehlt. Nach den unzähligen fehlgeschlagenen parlamentarischen Versuchen hat der Stahlhelm im Jahre 1931 es mit einem V o l k s e n t s c h e i d zur Auflösung des Landtags versucht. Dabei hat im Preußischen Landtag ein deutschnationaler Redner, der Abgeordnete S c h w e c h t, etwas offenherzig den Sinn des Volksbegehrens dahin umschrieben, daß es in erster Linie e i n e n a n d e r e n M i n i s t e r p r ä s i d e n t e n in Preußen wolle. Was ihm freilich von Braun die sarkastische Erwiderung eingetragen hat:

„Ja, wenn ich nur nach meinen persönlichen Wünschen und Interessen hörte, würde ich sagen: Ich auch! Dazu braucht man doch nicht ein ganzes Volksbegehren!"

Aber auch dieser große Ansturm hat seinen Zweck verfehlt. Wiewohl wieder einmal die K o m m u n i s t i s c h e P a r t e i sich mit der Rechten zum Sturze der Regierung Braun verband und ihre Wähler zu dem Volksentscheid kommandierte, ist er mißglückt. Die den Volksentscheid betreibenden Parteien brachten insgesamt nur 9,8 Millionen Wähler auf die Beine, gut $2^1/_2$ Millionen weniger, als sie im Jahr zuvor bei der Reichstagswahl erhalten hatten, fast $3^1/_2$ Millionen weniger, als zum sachlichen Erfolge notwendig gewesen wären. Statt der verfassungsmäßig vorgeschriebenen 50 % der Wähler haben die Volksentscheidparteien nur etwa 37 % trotz heftigster Agitation und größter Anstrengungen an die Urne gebracht. Gewiß ist diese Zahl an sich hoch, aber für den Zeitpunkt der Aktion, inmitten der größten aller Wirtschaftskrisen, nicht imponierend.

Zu dem Zeitpunkt, in dem diese Zeilen geschrieben werden, hält diese Wirtschaftskrise noch unvermindert an. Kein Mensch vermag vorauszusagen, welches noch ihre politischen Auswirkungen, sei es für Deutschland, sei es für Preußen, sein werden Bisher hat sich die preußische Regierung Braun inmitten des allgemeinen Zermahlungsprozesses als eines der festesten und widerstandsfähigsten Gebilde erwiesen. Daß sie es getan hat, wird für die Zukunft nicht ohne Bedeutung, wahrscheinlich von e n t s c h e i d e n d e r Bedeutung sein.

Wie diese aber auch ausfällt, der Name Braun und seine Regierung sind ein Stück preußisch-deutscher Geschichte, dessen Auswirkungen auch noch in spätere Epochen, wie es auch kommen mag, hinüberstrahlen werden.

www.ingramcontent.com/pod-product-compliance
Lightning Source LLC
Chambersburg PA
CBHW030657230426
43665CB00011B/1139